讓生命潛能 帶你探索心靈世界的真、善、美
Life Potential Publishing Co., Ltd

Creating Mandalas

曼陀羅小宇宙

彩繪曼陀羅豐富你的生命

蘇珊·芬徹（Susanne F. Fincher）著　游琬娟 譯

Content

曼陀羅小宇宙

推薦序——曼陀羅的子宮裡重生

六腳侯氏

曼陀羅是什麼？「不就是那種有毒的大花嗎?!」有許多朋友聽說我在畫曼陀羅，以為我在畫植物、畫花。這樣的誤解，其實也蠻有意思的。就曼陀羅的梵文字根來說，所有圓輪狀的都可以說是曼陀羅。那麼，所有盛開的花不也是一個個的曼陀羅嗎?!而所有的曼陀羅不也就是一朵朵全然盛開的花，正向我們顯現生命的奧妙嗎?!

就我畫曼陀羅的經驗來說，幾乎可以用任何我想得到的詞彙來形容它。

我會說曼陀羅是——

曼陀羅是圓形的蛋，孕育著新生。

曼陀羅是一顆顆珍貴的種子，隱含著一棵大樹的基因，或者什麼奇花異草，正等待被澆灌。

曼陀羅是許願池，可以把願望擲入，讓它來保守我們的心願。我就曾經在曼陀羅裡畫上我的守護神，要讓生活裡少些恐懼。

曼陀羅是聖杯，曼陀羅是煉金術裡的火爐，具有神奇的轉化力，可以焠煉出黃金。

或者，曼陀羅不過就是一座當代的垃圾焚化爐，專門燃燒我們每一天所產生堆積在心靈裡的垃圾。

我也會說它是一台轉動中的水泥預拌車，那些會砸死人的憤怒、挫折等等生命的石塊，都可以放進去攪動，讓它們混凝成一座美麗建築的基地、樑柱與壁面。

可是，曼陀羅對我來說，最重要的是，它是一面古老的鏡子，照的是自己，照出當下自己的心靈面貌。雖然禪宗裡「本來無一物，何處惹塵埃」的境界很美，但我更認同的是「身是菩提樹，心是明鏡台，時時勤拂拭，莫使惹塵埃。」的精進作為。種種諮商、心靈探索的努力，不過就是要拂拭心靈明鏡上不易被覺察、辨識的遮蔽物，讓心靈回復清澈明亮，照見本來自性。畫曼陀羅，即是在這明鏡台上做工。

就繪畫的過程來說，我喜歡把畫曼陀羅說成是一次又一次的暗房經驗。在曼陀羅裡塗繪顏料，彷彿就是在塗繪顯影劑，畫著畫著，心靈圖像就這麼漸次的浮現出來了，那是緊張刺激好玩的事。那是一次又一次完全無法預期的「發現之旅」，發現原先被自己遺忘的、忽略的心靈角落。發現躲在陰影裡的自己，那個失散多年的自己。

可是我一開始畫曼陀羅倒不是因為它是一件好玩的事，那時我正努力要從失婚、癱瘓、憂鬱的低谷裡爬出來。我以禁足、禁語、禁慾、茹素、獨自閉關十天來度過我的三十七歲生日，期待自己新生，而且是要自己生出自己，要自己成為自己的父親、成為自己的母親，要對新生的自己負起完全的責任。

千禧年開始的第一天，我在獨居的土埆厝中堂布置好了自己的靈堂，要每天做奧修的動態靜心、塗鴉、大量的自由書寫。決意讓自己在心靈的洗滌、沉澱中，死而復生。適巧，在閉關的初始，我閱讀到了生命潛能出版的這本《曼陀羅小宇宙》（編按：前名《曼陀羅的創造天地》），書中的個案經驗讓我對曼陀羅的「神奇療效」起了好奇心，就此決定以曼陀羅取代日常的塗鴉，而且是要以一年的時間，一天畫一張曼陀羅來焠煉自己。

從此畫曼陀羅變成我的一項日常修練，我以「持戒托缽」來定位我這一年的生活。

我在工作桌擺上所有可能的繪畫材料，視當下身心狀況來使用材料。比如，當我能量很流暢的時候，我會以流質的水彩來畫曼陀羅，而蠟筆則可以幫助我使盡力氣釋放情緒。疲憊的時候，我以最簡便的原子筆在圓裡滑行。膽怯的時候，就拿著鉛筆輕畫、擦拭。每一天，坐在桌前就好像打開腦袋裡的水龍頭，流出來的是什麼就畫什麼。如實的呈現當下第一念。但更多的時候腦袋是一片空白，我就只是在曼陀羅裡隨手畫，讓意象自行在塗鴉中慢慢浮現。

在這一年的過程中，對我最艱難的是要堅持每一天畫曼陀羅。魯米的詩句「任何你每天持之以恆在做的事情，都可以為你打開一扇通向精神深處，通向自由的門。」給了我最大的支持，讓我可以堅持畫完一整年的曼陀羅。

我很幸運，在生命的關鍵時刻閱讀了《曼陀羅小宇宙》，受了啓迪，以畫曼陀羅的方式展開了新生的歷程。也很高興這本書要改版上市了，謹此回饋我的曼陀羅經驗。願你也能受惠，拾起畫筆進入曼陀羅神聖的圓輪世界。

侯俊明・六腳侯氏

- 國立藝術學院（現改制為國立台北藝術大學）美術系第一屆畢業。
- 九〇年代以裝置、版畫形式進行藝術創作，大膽挑戰禁忌、富儀式性。曾受邀威尼斯雙年展等國際展，近年創作轉向心靈探索的隨手畫和自由書寫。

推薦序——

心靈的旅程

對於喜愛曼陀羅繪畫、自我探索或是想認識曼陀羅世界的人，相信都會因為這本書的再版而和我一樣，心情是既興奮又高興。「曼陀羅」這個字對你來說也許是陌生的，它來自於梵語 Mandala，字義是你我都熟悉的「圓形」。它可以是橢圓或螺旋等外形，也可以廣義到與自己或宇宙合一的狀態。

在接觸曼陀羅之後，我開始對各種圓形產生極大的好奇心，於是透過觀察生活的環境，來尋找曼陀羅元素。發現從居住中的星球到宇宙，孕育生命的子宮到細胞，自然界的植物到花朵，宗教裡的圖騰到建築，生活中的舞蹈到食物等等，到處都可以找到圓形的存在。

也因為四處都有曼陀羅的存在，無論你是否意識到，使我們容易對「圓」產生反應。細細的觀看著這圓形，容易讓我們聯想到圓滿、完整、孕育、永無止盡、包容和完美等覺受。就只是看著這些曼陀羅並感受它，身體就產生這些覺受的記憶，被共振了、放鬆了，體內的細胞也開始歡唱著這些美麗的頻率。

如果這時候將注意力回到自己身上，你會發現，因為這些完整的能量，自己變得安靜了。它使你歸於中心。

在看似簡單的畫圓同時，是協助自己打開了一道溝通之門，讓身、心、靈的空間可以是安全的、受保護和放鬆的情況下，來探索當下現況。

前一陣子，內在升起了許多對於死亡的恐懼，特別是夢見愛貓的死亡，更加深了我不安的感受。還記得我在夢中看見愛貓的死，裡面的我並沒有因此產生任何情緒，但是醒來之後因為害怕失去，擔心共同生活了十三年的愛貓離我而去，恐懼失去重心，而感到心很慌亂。自己的生活被想像中的恐懼吃掉了，在面對愛貓時，常常發出擔心和不知所措的感覺。經歷了十天左右的不安，我將畫紙和粉臘筆拿出來，打算透過曼陀羅來協助我的現況。

在開始畫的時候，我在圓的中間畫了一條線，像是切西瓜一般將圖面分成兩半，透過畫這條線的重複動作，馬上發現我的問題不是在愛貓的死亡，而是面對死亡和生存的二分法，不是黑就是白的二元對立，而這個死亡夢境只是督促我要來面對這個議題。

二元對立的觀念常常讓我在生活中陷入了分裂，而不能完整的和自己在一起。就是因為有了分裂，容易在生活中產生許多的恐懼、比較、害怕、失落、不安全、期待和無力感。腦中的思緒是這麼跑著，而我的顏色、線條也和思緒一樣，沉溺在低盪的氣氛中。幾分鐘之後，突然意識到生命的結束也帶來生命的希望，有如葉子在秋冬時會枯黃掉落，同時也醞釀在春天裡發芽。當我意識到生死本為一體，開始將畫面中黑色的那一半加入了白色，將白色的那一半開始加入了黑色，沒有分別，整體產生了。這過程就在黑、白兩色相互交錯之下，進行內在的舞蹈。

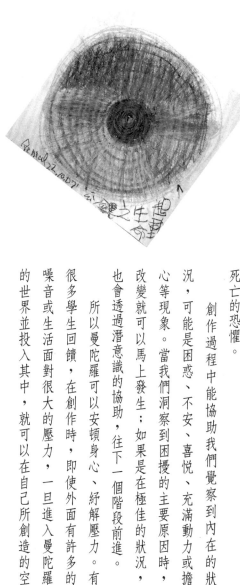

當覺知發生了，意識就開始蛻變；融合進行了，內在就產生了力量。這一切的療癒是自然發生的。畫完之後，我也就放下了對於死亡的恐懼。

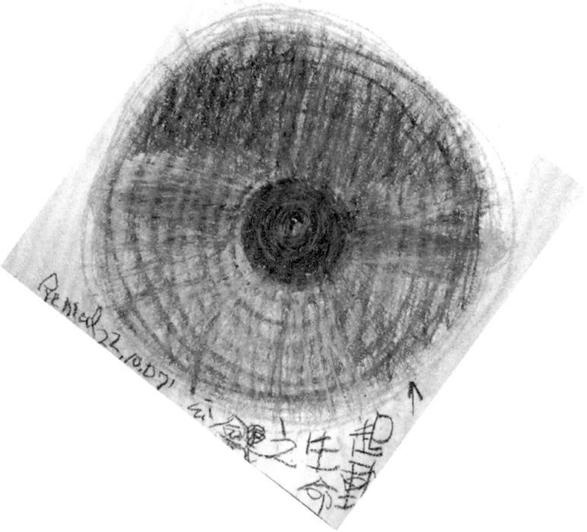

創作過程中能協助我們覺察到內在的狀況，可能是困惑、不安、喜悅、充滿動力或擔心等現象。當我們洞察到困擾的主要原因時，改變就可以馬上發生；如果是在極佳的狀況，也會透過潛意識的協助，往下一個階段前進。

所以曼陀羅可以安頓身心、紓解壓力。有很多學生回饋，在創作時，即使外面有許多的噪音或生活面對很大的壓力，一旦進入曼陀羅的世界並投入其中，就可以在自己所創造的空間或宇宙裡，暫時卸下這些內外的干擾，產生平靜和舒緩的感受，甚至沒有感覺到時光的飛逝，放鬆的探索內在豐富的寶藏，來找到支持和面對現實生活的力量。

蘇珊・芬徹的引導方式給與非常寬廣的創造空間，讓讀者可以擁有全然的自主來進行自己的創作，是一本很棒的工具書，也是陪伴我在曼陀羅世界裡的重要書籍之一。裡面有許多象徵意義的介紹和資訊，讓你可以容易的進入自己的圖像世界裡。

這是一趟個別的旅程，可以隨時為自己創造出屬於你個人的空間，回到你的核心，取回你自己的力量。只要勤加練習和投入，你就會感受到裡面的無盡魅力。

王慧珍 anand premal（狂喜的愛）
•曼陀羅及藝術成長團體的帶領者、臼井靈氣師父
•部落格請見http://blog.yam.com/anandpremal

推薦序——

統整失序的心靈

陸雅青

自古以來，曼陀羅（Mandala）一直被當作是一種沈思冥想的工具，冥想者從對輪圓的觀照中，一方面藉以獲得意義非凡的經驗，一方面使得日益失序的心靈逐漸獲得統整。

瑞士的心理學家榮格，將成長視為一個體化的歷程。他認為成長趨於完整，是個體將其獨特性加以顯揚的自然歷程，而輪圓即被榮格聯想為自我及整體個性的核心。個體所繪的輪圓，暗示了其潛能及獨特性得以全然實踐的自然力量。榮格發現，描繪及夢見輪圓是個體化過程中自然的環節，因此他鼓勵患者發揮天馬行空的想像力，不在內心預設圖案，自然而然地創作。

本書作者蘇珊·芬徹女士，以榮格、艾丁格、凱洛格有關輪圓之理論與領悟，加上個人的經驗為基礎來撰寫本書。除了逐步教導讀者如何創作輪圓之外，也提供詮釋曼陀羅的方式，以期讓每位讀者都能藉由輪圓來洞察自己、豐富人生。

誠如作者所言，其所提供的詮譯觀點，無論在輪圓的顏色、數字及圖案上，均難免有遺珠之憾，個人以為，榮格學說之博大精深，絕非常人以參考解讀手冊的方式即能洞悉自創的輪圓，除了榮格的學說之外，尚存在著與心理、視覺及知覺相關的理論，諸如發展心理學、兒童繪畫發展理論、完形視覺心理學等，均能提供不同觀點，詮釋一些共同的繪畫表現。是以，個人以為輪圓之治療效果，不只在於創作結束之後對其所繪輪圓之觀照，而尤其貴在整個創作歷程。

在藝術治療的領域裡，個體自發的創作（包括媒材之應用及主題的選擇），普遍地被治療師認為不只能反映創作者當下（此時此地）的自我，亦能透露潛意識的內涵，即興而作的輪圓亦然。所不同者，輪圓提供創作者一個包容自由而完整的結構，在一連串的落筆、觀察、一靜、一動的因果關係中，呈現已知或未被期待的心理圖像。假若我們將線條之啓始歸因為身體動作經驗之視覺呈現，則封閉的圓令人聯想到安全的子宮，畫圓像極了在我們所認定的屬於自己的身體及心理的空間外圍，畫上一條保護線，有鑑於繪製輪圓所用的媒材，大都以線性（drawing）材料為主，有利於概念的表達及小面積塊面之上色，因此輪圓的繪製，提供我們一個隨心所欲的空間，而不必擔心是否踰矩，而對媒材的選取、更換，則又提供我們全然操縱的情境，不必憂慮情感會失控、泛濫。

本書中所引用之案例及其輪圓作品，均出自常人之手。事實上，榮格之診療病患，大都以生活功能較高的精神官能症患者及環境適應不良的常人為主。常人在創作輪圓時，製造了我們當下的個人象徵。在全然對稱的圓形圖案中，或許反映了本性中相互矛盾的部分。即使在繪圖之際衝突浮上了檯面，亦可將之視為情緒的抒發，在作品完成之時獲得情緒之淨化，而在冥想觀照之餘獲得情感之昇華。

由輪圓製作的歷程看來，似乎反映了意識的成長過程，是以不分智、愚、老、少，均能從輪圓的繪製中獲益。一幅幅輪圓作品，反映了個人不同時期的當下情況，具體地記錄了心靈成長的腳步。也因此，有心追求成長的人，輪圓的繪製必須持之以恆。

總而言之，讀者不妨將曼陀羅的繪製，視為引領我們通往心靈深處的途徑。本書提供了良方，但修行仍得靠自己。

陸雅青

●西班牙馬德里大學藝術博士、美國路易維爾大學藝術（治療）碩士。

●台北市立教育大學教授、呂旭立紀念文教基金會藝術治療師，並為美國藝術治療協會認可之藝術治療師。

推薦序——

深度觀照的空間

鄭鴻祺

華嚴經第四會中云：「心如工畫師，能畫諸世間，五蘊悉從生，無法而不造。」心是一切生命現象的答案。很多繁複華麗的千古名作，或是偉大、令人詠歎的生命哲理，都是由一顆簡單的心所體悟出來的。

這顆心，好好的使用它，不僅可以活出自己生命的價值，甚至利益許多的人，契入生命的真相。相反的，若不知它的珍貴處，而使這顆潔淨清明的心，受到許多生活上的不如意事所捆綁，終日以憂傷、沮喪、不安等負面情緒來澆灌，原本明淨具有大用的心，終將萎縮而至無用。

以曼陀羅的輪圓精神意象，作為藝術治療的一種方式，其運用的就是契入法界之心的鍛鍊。所謂「三界唯心，萬法唯識」，整個法界是心的展現，而個人此小宇宙與法界此大宇宙，原本就是無二無別的。當心愈宏觀、愈清明、愈具有智慧時，就愈能體會出法界的浩瀚與不可思議，進而融入其中，而不會局限在個人利害關係的小象牙塔中。所以曼陀羅藝術治療就是藉由畫小圓形圖來訓練，以中世紀、沒有多餘念頭的方式，來了解自己的內在，進而體會生命的真義。

誠如文華智慧在「修證之歌」中所云：

心，無形無想；心，無跡可尋。。
心，是一切的開始；心，是一切的答案。
心，是主人；心，是眞正的主宰。
心，是修行的重點；心，是解脫的關鍵。
心，不生不滅、不垢不淨、不增不減。
心，能生萬法；心，能修萬德。

萬法唯心，一切唯心；是心作佛，心即是佛。

印度修密法時，一般以區劃圓形或方形的地域，稱為曼陀羅，認為區內充滿諸佛與菩薩，故也稱為「道場」、「壇城」、「輪圓俱足」，因此把曼陀羅視為佛陀覺悟的境地，甚至作為修密法時觀想用。而曼陀羅「圖」所顯示出來的，就是佛與諸菩薩所居住世界的圖樣，也可以說是宇宙萬物居住世界的縮圖。

密法中曼陀羅分為胎藏界曼陀羅及金剛界曼陀羅。胎臟界曼陀羅因為由中央而外，形成四重、三重，所以又稱「四重曼陀羅」或「三重曼陀羅」。金剛界曼陀羅將全體區分為九部，稱為「九重曼陀羅」，但是不管構造的差異如何，曼陀羅是宇宙圓，表徵出現而又轉趨消滅的人生，代表宇宙全體，與華嚴經中法界一體的展現是相同的。

當一位修行者在歷經一切嚴苛的考驗之後，到達了不退轉地，也就是對於眾生的大慈大悲，永不退墮。此時，在莊嚴的法界，自然而然就會現出一座萬德莊嚴的大壇城，與這位菩薩的悲心與證量相應。大壇城中，一切圓滿，一切俱足。可以說，你所想得到的一切，都在大壇城中圓滿俱足了。因此，這樣擁有大壇城的大菩薩，也就擁有了度眾的無量法身材，以法界才是真實的眼光而言，這樣的大菩薩才是真正的富者，而非三界之中的大財主。因為，這樣的法身財是永無不滅的，而非像人間的財富，享用一世或一段時日之後，就無福再消受了。

所以，一旦擁有了大壇城，就是法界中最富有的人了；所以，一個擁有大壇城的菩薩，是福德資糧豐厚的人，可以與眾生分享他無量無邊的法身財。因此所謂的法布施，在法界而言，也可以說是法身財的布施。因此，大壇城的證得，絕對是自利利他、自益益人。謹以此大壇城（梵音：Maha Mandala）的寬廣胸懷，與你我共勉之。

所以可見，曼陀羅在佛法中具有非常特殊的意義，是修行人的證量展現，是一種崇高、莊嚴、神聖之心的顯現。

本書作者在許多的實例中顯示，不同的心理狀況，就有不同感受的曼陀羅圖像產生，而這些多采多姿、多樣性的曼陀羅圖像，顯示出人心的瞬息萬變，此也更加證明了「萬法唯心造」的說法。若色彩的組合產生和諧的印象，透過曼陀羅傳達出調和、寧靜；色彩的組合很不調和，顯示出衝突或失調。曼陀羅如同每個人內心世界的窗戶，是探知宇宙訊息的管道，而其實曼陀羅本身就含藏許多法界的真相在其中。

當一位修行者修證到很高的證量時，他的心是廣闊的，具有大慈悲、大智慧，因此所顯現出的曼陀羅；就是無比的莊嚴與奇妙不可思議，與整個法界融為一體。

心，真的非常奧妙，所謂「心生種種法生，心滅種種法滅」。曼陀羅藝術療法的臨床經驗，更加證明了作為一位善用其心的畫師，是最幸福、喜樂的人，因為他找到了生命的意義與答案，而不用在複雜多變的現象界中沈沈浮浮，不知生命的方向。

鄭鴻祺
- 金色蓮花佛學月刊發行人。
- 資深靜坐老師，並教授修行養生之課程。

作者序——
開啓專業之路

一九七六年，我遭逢喪子之痛及婚姻破碎的雙重打擊。白天我如行屍走肉一般，渾渾噩噩的過活，然後便夜復一夜的陷入沈思。我痛苦不堪，以致於封閉自我，始終不願將心靈深處的怔忡悲愁抒發於外。我不記得從何時起，竟開始恢復幼年期樂此不疲的繪畫，我不知為何要畫，但就是感到非畫不可。

我替自己買了一組奇異筆及圖畫紙，開始信筆勾描草圖，任憑手上的畫筆與之所至的作畫。但我所繪的並非取材自現實世界的寫實畫，因為我根本無心去留意外界的景物。突然有一天，我的內心竟燃起一股想要畫圓形圖的衝動。圖案倒是很簡單，只是一些五顏六色、色彩繽紛的同心圓罷了！畫完後，我發現自己心情好過一些。

於是，我開始期盼夜晚獨處，好拿出畫具作畫。我明白繪畫或多或少幫助我治療傷痛。這使得我開始聯想，說不定藝術也可以治療他人。經過一番研究後，我發現一些所謂的藝術治療學家等心理健康專業人員，就是運用藝術進行心理治療。

發現藝術治療這條路後，開啓了我的人生方向。我不斷接受必要的訓練，成為合格登記的藝術治療師。然後我開始用圖畫輔導個人及團體，個案所繪製的圖像成為一項溝通的媒介，使我將豐富的圖畫象徵帶入了治療的關係中。

一直到我看過瓊安．凱洛格（Joan Kellogg）這位藝術治療學家的作品之後，不得不使我改變以往將畫圓當成興趣的心態，形成了將畫圓作為我職業生涯的經歷之一。凱洛格運用圓形圖，作為了解畫圓者的個性指標。她以比她更早確認圓形圖功效的榮格學說作為理論的基礎，榮格將這些圓形圖案稱為「曼陀羅」或「輪圓」。凱洛格對輪圓的洞察力，開啟了無限的可能性，令我為之著迷。在向她請益研習之後，我開始以輪圓作為藝術治療的工具，輔導個人及團體。隨著我對輪圓的知識日增，我開始教課、演講及主持研習會。截至撰寫本書為止，我已閱讀數千幅輪圓，也協助了數百人了解他們所畫出的輪圓象徵。

在這十五年期間，我對輪圓所傾心的程度不曾稍減。我曾用彩繪顏料、奇異筆、紙張、皮革、黏土、木材及石頭畫輪圓；我也曾研究其他文化的輪圓——尤其是西藏佛教的曼陀羅——擴充我的認知。為學習傳統的輪圓樣式，我要求一位製造盾牌的美國土著讓我跟她見習。她收我為徒，我也於一九八八年與她展開合作的關係。

輪圓在我的生活中活生生的存在著。我畫輪圓、研究輪圓，並從我自己及與我分享個人成長經驗者所繪的輪圓中學習。輪圓曾經是我在面臨黑暗、痛苦及困惑的支柱。藉由輪圓，讓我能夠更深刻的認識自己，及我個人在宇宙中的本分。輪圓總是溫和婉轉的——但有時候卻又不是如此的溫和婉轉——提醒我，人生仍在繼續，尚未走到盡頭；全心全意的活下去，就是最偉大的慶生方式。我將在本書中，與你分享我所認識的輪圓。但願這方面的知識對各位受用的程度，一如它對我一樣。

前言

羅勃・強森（Robert Johnson）

有人詢問榮格博士，適用於人類當前的原型是什麼？他衝口便答道，是：「分裂！」古往今來，人類再也沒有比現今更迫切需要曼陀羅所產生的治療力量了！你我正處於分崩離析、殘破瓦解的世界，急需輪圓所產生的那股偉大的凝聚力量。

你我均深以為苦的分裂現象——只要觀察現代繪畫或聆聽當代音樂，就知那是現代世界的我們所面臨最岌岌可危的事了！輪圓的精神意象適時展現了特殊的治療力量。相信你我也將具有智慧，能夠聞知輪圓的重要結構，所以此時此刻，我們是再需要輪圓不過了！

蘇珊・芬徹所著的這本書，內容溫馨活潑、平鋪直敘，且心理治療的主旨溢於言表。她如藝術家般細膩著述，使得本書藝術涵養及學識兼善。本書既是關於輪圓的書籍，也能讓你在信手讀來之際，治療心靈。

1.

曼陀羅小宇宙

曼陀羅：反映本質我

一位波斯牧羊人凝望夜晚的星空，照見星群中渦旋螺狀的圖案；一名美國幼童拿起蠟筆，一再地用畫圈圈的動作轉動手臂，愉快地在紙上塗鴉；斯堪地那維亞的某太陽神祭師將腳踩在潮濕的沙地上，繞足畫一圓圈；一位印度聖者虔誠地依循某紀念碑繞佛禮拜；一位西藏僧侶手握拂塵開始早課冥想，自他腦海中描繪出一個傳統的圓形設計圖；而一位德國修女目擊上帝的神覺之像宛如風火輪一般。這些人雖道不同，但卻都具有某些相似的共同點，那就是，他們全都不由自主地讚歎輪圓的神奇與魅力！

為何輪圓是人類自古以來文化中重要的一環？為什麼所有文化、時空下的民族會認為，圓形圖案是令人滿意且深具意義的一種表達形式？以下這段話是榮格自述他認為圓——也就是他所稱的「輪圓」所代表的意義：

每天早上，我都在筆記本上畫一個小圓形圖——也就是輪圓。我所畫的輪圓似乎都能與我當時的心境相呼應……後來，我逐漸發現原來輪圓正象徵著我們內在本質我與性格的全部。如果輪圓俱足，我們的生命則呈現調和之象。

榮格這位瑞士的心理學家採用梵語Mandala（曼陀羅）一字，來形容他及他的病患所畫的圓形圖。輪圓意指軸心、圓周或奇妙的圓形。榮格將輪圓聯想為本質我及內在整體個性的核心。他指出，輪圓顯示了將個人潛力發揚光大，以及將你我內在性格模式全部實現的自然力。

成長趨於完整，是一種將個體獨一無二、與眾不同的特質加以顯揚的自然過程。因此，榮格稱此為個體化（Individuation）的歷程。他主張戒慎留意潛意識的象徵，藉以作為增進個人成長的一種方式。榮格視夢境中自然顯現的輪圓、天馬行空的想像力或藝術作品，為個體化已在進行的證據。個體化的結果則是，人格與本質我渾然合一。榮格以下述這段話描述輪圓的基本主題：

輪圓是中心個性的前兆；是心靈深處的核心；事事與它相關，事事由它安排；它本身就是精神活力的泉源。精神活力的中心點恰如每一個有機體，後者不論環境為何，往往被迫呈現凸顯本質特色的形式；而前者則總在難以抗拒的衝力或驅策力下，顯現個人的真貌。這一中心點稱不上是自我（ego），充其量只能說是本質我（self）罷了！

輪圓的觀念最初從何而起？「圓」這一元素在人類的歷史中由來已久。遠在非洲、歐洲、北美洲的古老石刻上，即已充分採用圓形、渦形等類似的設計圖樣了！至於採用這些設計的用意至今仍是個謎；但因人類創造了不計其數的圓，所以我們知道圓很重要。為何人類會選中圓作為深具意義的設計圖樣呢？

首先我們可從自然史中尋找答案。各位不妨思考一下你我源起於何處，我們都是由一個圓形的卵細胞所形成，而在母體的子宮內發育、茁壯。我們都曾在母體子宮環繞下，穩固地被覆於圓形球體內。當出世的時刻來臨，我們經由連續的圓狀肌肉推擠向下，經由管狀的產道，再通過圓形的陰道開口娩出於外，來到人世間。

我們出生後，就會發覺自己所置身的星球呈圓形體，且時時刻刻環繞太陽並於圓形的軌道上移動。地心引力讓我們固著於地球上，使我們察覺不出你我其實正處於旋轉的狀態；然而，這卻瞞不了我們的身體。甚至當我們更深入探查構成身體的原子結構時，我們將會發現原來我們自身便是一個小宇宙，其內的元素呈曲線形態旋轉。我們的軀體仍存有在母體子宮內的記憶，這使得我們容易對「圓」產生反應。

若考量古早以前祖先在這一星球上所過的生活形態，便可以發掘更多的原因來說明圓的重要。古代的民族所過的生活十分親近自然，而天地間自然的節奏是一種顯著的力量，它指示著人類該如何過生活。我們的祖先日出而作，日落而息，他們環繞火堆簇擁成群，自然而然地聚集成一個圓圈，面向火光及火的溫暖，並朝著火堆的中心處移動。

如果用最簡單的詞彙將意識、知覺定義為甦醒，那麼意識不足的狀態應該就是酣睡了！白天陽光照射時，人類是清醒、有知覺意識且充滿活動力的；而當夜幕低垂，人類一如太陽在黑暗中消失一般地沈寂入睡。等到嶄新的一日降臨，人類又再甦醒，恢復意識。太陽光規律地交替運作著人類的睡眠與甦醒。因此，太陽足以作為人類清醒及活力的象徵。

只要想像自己回到了人類始祖的時代，便能了解日月星辰如何影響人類了！某些遠古的儀式明顯地圍繞太陽運轉，人類對於這些自然力深感興趣。而散布於全球多處的古老輪圓雕刻，暗示了人類對日月的敬畏。我們的祖先可能將這些圓形狀的天體，當成自然的象徵；藉由它們使知覺意識具體化，此外，輪圓協助人類拓展思維，使其超越純直覺的階段。丹麥的一些古老雕刻，就意謂了人類從本能的團體精神跨入個體的本質我意識。

我們在近海之地找到了新石器時代的船隻雕刻品。一般臆測，這些船隻與膜拜太陽的儀式——可能是想要祈福以便船隻能夠一帆風順——息息相關；而鄰近處所發現的輪圓——太陽的象徵恰與此不謀而合。此外，在船集輪廓的上方偶爾也會看到

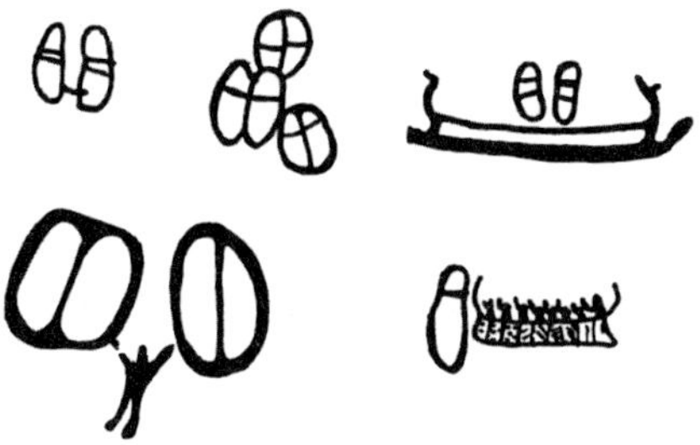

在青銅器時代以前的日耳曼民族石刻中，足印與足跡是刻在船的外形之上。這些足印可能象徵太陽神祭師的出現，為這艘船祈福。

腳印；而腳印之外的圓，則令人聯想到是某個人繞足而畫成的。一條將圓等分為二的線條，象徵兩足分立；而第二條線則橫向交叉畫過第一條線，這使得整個圓內的圖案設計呈現一個十字形。

古代的民族似乎將此一圖案設計，作為太陽的象徵。數千年後，幼童在養成個人意識統合的過程中，也自然而然地畫出相同的圖案設計。人類在進化期間的某一時間點上，必須設法從參與團體精神的階段，邁向個體人格意識覺醒的歷程。最初知覺意識的改變原本僅有少數傑出的人才辦得到，但現代的兒童卻天生自然可成。這會不會是丹麥人繞足畫輪圓，提供了如何跨越此階段的線索呢？

繞足畫圓的過程可能如下：祭師由團體挑選出執行儀式的個體，這些人的功能甚至可能只是儀式過程中太陽神的替身罷了！某位祭師在代表太陽神進行儀式時，在他所站立之處繞足畫圓。此舉可以留下有形的痕跡，證實太陽神曾出現於活動的場合，說不定祭師在代表太陽神的某一時刻，曾因身分改變而有過思想跳脫靈魂出體的經驗呢！

產生改變的心理過程可能是：某位正在進行繞足畫圓儀式的祭師雖一直習慣說：「占據此處者是太陽神。」但他心中真正所想的卻可能是：「占據此處者是我！」我們無法確切辨明此事的可能性，卻頗為確信前幾位體認出自己為個體的人類，應是像丹麥這一類的祭師。或許祭師因著代表太陽神的經歷，才能夠認清自己是有別於團體的個體。諸如此類經歷形之於外的表達方式是：交互運用象徵太陽的圓形及其他符號，如此便可能會產生出本質我意識。

此外，玄祕難測、變化無常的月亮也可能影響人類的思維。南太平洋地區毛利人流傳了一些有趣的故事，說明此一假設可能為真。其中的許多故事是以毛利人的英雄茂伊（Maui）為主角。在這些故事中，茂伊總是與一名叫做希那（Hina）的女人有牽扯。而在所有故事中，茂伊自始至終是難以駕馭的人物，然而，希那所呈現的面貌卻多得無法計算。有時候她是茂伊的祖先；有時候她竟是他的母親、他的姊妹或是另外不同的親屬。我們很難了解為什麼同一名字的人物，身分竟如此多變。也許當我們知道將希那解釋為「月亮」時，就能開始認清這位千變女郎的身分了！希那的多種化身正好反映出月亮不同的階段：新月代表幼年期、滿月是成熟期，而弦月則是衰老期。

蘇珊．藍杰（Susanne Langer）指出，毛利人的傳奇故事運用月亮作為女性的自然象徵。她寫道：「月亮陰晴圓缺的各個階段，以及從月圓到月缺整個複雜的時間循環，描述了婦女全部的奧祕。部落社會的婦女均會精心地編列出一套關於民俗禁忌及儀式手札，而男性則否。經過時間及過程的壓縮，浮現出愈來愈多層與象徵相關的意義時，月亮就成為充分訴說生命本身的象徵了！」

藍杰繼續闡述道：「一如在每個月圓階段生命成長至圓熟完整般，月缺時分則可見舊月逐漸奪去了明月的皎潔與光芒。死亡活生生地蝕盡了生命；而這一吞蝕生命的巨獸就是消逝之光的始祖。」

毋庸置疑地，月亮很重要。盈虧消長不斷重複的歲月，填滿了人一生的生命風景，而死亡卻近在眼前。無怪乎當人類學會靜觀人生，以月亮的循環架構個人的人生觀，並想像死亡是已幻化成仙的先祖所為時，便會在靜思中參透復活及輪迴的觀念：原來先祖正是你我生命的賜予者。

我們的祖先對於身體、火輪及日月的體驗，即是輪圓。他們採用圓形作為意識、生、死、再生的象徵，其實不足為奇——或許就是因為這些觀念所致，使得「圓」與無數文化的創世神話扯上關係，因為這些傳奇均設法提出一個問題：「我究竟從何處來？」

埃及神話描述混沌未開之前的宇宙，是一個天衣無縫的圓。天之女神及地之神在圓心之內緊密相連。隨著此圓的鬆動，宇宙的父母就分開了！於是便使時間、創造力及意識開始運轉。在古印度吠陀經中，對此有一番描述：

太陽是梵天（brahma）。以下就是此說法的由來：起初，這世界原本不存在，後來就化無為有，孵育發展成為一個蛋。這顆蛋停置原地一年後，突然分裂為二。蛋殼的一半為銀製，另一半則是金製。前者的那一部分是地，而後者為天。

蛋所生出之物即是太陽。當它誕生之際，歡聲及叫喊聲不絕於耳，所有的生物及欲望均起而迎接。於是，自此而後，每一次太陽升而再返時，所有的生物及欲望，都會起而迎接。

在歐洲、非洲、南美及印度的傳說中，均可發現以圓的觀念為基礎的創世神話。顯而易見的，圓與感覺深邃的人之直覺互起了共鳴。在西方文化中，柏拉圖的作品即已出現以圓為萬事萬物的起源之說。他描述了以下這則創世的故事：

祂將宇宙創造為單一且僅此唯一呈圓狀旋轉的球體，這是因為這宇宙善於獨處，無須其他的朋友或同伴。

日夜交替、千變萬化的月亮及四季的循環更迭，成為以圓形為世界觀的基礎。這樣的觀念，對於仍與自然界生活密切的民族而言，彌足珍貴。以下是達克塔州的族長生動剴切的描述：

宇宙的主宰所做的一切皆在圓內執行。天是圓的；我還聽說，地也如球一般的圓，所有的群星也是如此。風力達至極點的狂風，會呼嘯旋轉起來。鳥兒築起圓形巢，因為牠們的生活信仰與人類如此一轍。太陽不論升起及落下，均呈圓形狀，月亮亦然。即使四季的循環變化，也是如繞一個大圓，始終還是會回到原點，週而復始。人的生命也是從幼年期為起點，然後再繞回到幼年期的圓。宇宙力量所運行的一切均不悖離此道理。

我們的祖先登高看清景物，並藉由將世界看成是一個圓，發現了一些關於圓的運用等實例。他們看出地平線似乎呈一圓的形狀；人類為了在廣大陸地平安行進，想到了在這寬廣的大圓內確定方向的方法。他們當然會先從本身最熟悉的空間開始，設法找到自己的所在位置。而他們最熟悉的空間就是個人軀體所占的一席之地，因此且讓我們以包括四肢及器官在內的軀體為焦點，來規劃圓內的空間。

軀體的兩側形成了左邊及右邊。我們若將雙臂從身體的兩側各自伸展開來，便可假想從兩臂向外延伸至地平線的兩條線，如此一來，就確立圓的兩個相反方向。人的雙眼位於頭部的正面，意謂了已形成視線的一方；相反的另一方就是順著這條正面的視線一直往後延伸的方向。因此，可想而知，典型的輪圓原型包括二水平線（圓）及在軀體中央交會的四條線。

義大利西部古國的占卜者就曾善加利用這種分割空間的技巧。他們根據此一假想輪圓之內所發生的吉凶禍福，來詮釋發生的事件。在美國土著的習俗中，也曾利用軀體定方向——以自己為中心點，定出另一個相反的方向。除此之外，美國土著還利用垂直站立的軀體，增列了上方與下方，結果總共定出了七個方向。

一旦以位置固定的北極星為基點，定出了身體的假想圓及四方時，便已確定東南西北四個基本方向。我們的祖先就是根據此技巧，區劃出從某一地至另一地的直線道路，甚至使他們因障礙物必須暫時改道時，仍能夠不迷失方向。此技巧曾是古代重要的求生之道；有了規劃旅程的能力，就能夠返回水源區及食物的供應地。毋庸置疑的，由於人類參考及運用輪圓定出所處空間的方向，使得輪圓能夠更稱職的扮演象徵符號的角色。

找出北極星的位置是上述定方向過程的關鍵：人類長久以來的觀察心得，證實了北極星在天空中的位置不曾遷移。我們的祖先也曾興致勃勃的研究其他星星週期性移動的狀況，被他們所識別及命名的星座包括：金牛座（埃及）、巨蟹座（波斯）及白羊座（印度），而月亮及星球則被他們奉為天神。中國人想像月亮是一位女神，夜夜均在武士情人的寢宮內過夜。

夜晚的天際宛如一個布滿點點星光的大圓碗。古代的觀察家把天體在這大圓之內運行的狀態，聯想成一個圓輪。舉例而言，古代的居爾特人即是將天空稱為銀輪——得到祝福的靈魂就在此地找到自己的家。

史前時代的巨大石柱群是凡塵俗世中的銀輪。據說，此一構造物是古代不列顛民族

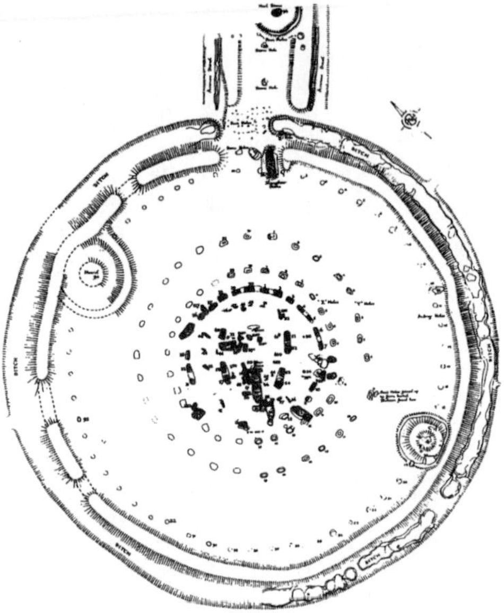

石柱群曾是用來作為神聖的天文觀測台，映照著夜晚星空這一大圓盤。

為了記錄太陽一整年的運行進展而做。在夏至日升之際，石柱群的石子將會成直線排列。毋庸置疑，石柱群當然是在如神之尊的天體之慶典儀式中重要的核心。

人類經過數千年觀察天文星象，研究出黃道十二宮圖——一個分成十二宮的圓輪。在圓內的十二宮中，每一宮均各有不同的星座名稱。黃道十二宮顯示出太陽相對於月亮、星星及星球一年期間的位置。占星學家相信，根據黃道十二宮所定的位置、關係，能夠預測未來。我們再舉另一個例子，說明如何運用圖定出個人在宇宙中的位置。

現在，我們都已明白圓在說明宇宙的起源，找出個人在宇宙中的方向及作為自然奇觀的象徵等方面，頗為受用。因此，人類會將圓視為儀式的一環，嘗試各種管道與神相通，也就毫不足為奇了！無以數計的宗教儀式均是從設置一個神聖的圓開始，舉例而言，巫毒教的女祭司就是地上畫一圓，象徵向上帝提出邀請；美國土著的盾牌製造者也是先繞圈跳舞、高歌，懇求造物者給與指引後，才開始進行神聖的製盾工作。

某些慶典儀式以繞圓行進，達到心醉神迷、忘情忘我的狀態。愛斯基摩人重複此循環節奏良久，藉以塑造夢幻之境。回教的托缽僧是以旋轉繞圈與神聖的圓融合、相通，來表示天際和諧之象。印第安人的太陽舞慶典活動是在參與者用繩索懸吊於半空，然後環繞中央的柱子而緩慢的旋律成一個圓時，才達到引人入勝的高潮。

儀式中的圓，已從一般的平凡空間提升為神聖的空間。對於曾經領悟圓內的空間是反映人生本質的民族而言，創造圓是一項神聖之舉。創造圓也是設法達到宇宙間人神和諧的境界。據說，當天人合一時，慈悲美善就會滋生了！基於此因，接觸圓所界定的神聖實體，對於文化具有治療的效果——北美西南的印第安文化即是一例。

這些居住在西南區的納瓦霍（Navaho）印第安民族，對於自然、生命及健康均沿襲傳統的觀念，默默地過著與世無爭的生活。當此一印第安民族的診療師前去協助治療病患時，他會進行一些恢復自然平衡的儀式活動。他撫平地上的一處圓形區域，用彩色的沙繪畫一個曼陀羅。診療師選取傳統的圖樣設計，完成該幅沙畫，用來表達情境上的需要。一旦完成沙畫後，診療師便將病患置於沙畫的中央。據稱曼陀羅的圖案設計順序是為了恢復和諧，及敬邀神施以援手，以期使患者復元。

大自然內的地域也可以呈現圓形狀，洞穴及山嶽就是顯著的例子。古代的民族往往無須舉行任何儀式，就指定壯觀的自然勝景為聖地。他們心存敬畏的視深邃黝暗的洞穴為與祖先接觸之地。他們認為可以俯瞰遠景的巍峨山嶽，更加接近天上的仙境。此外，他們也相信，在聖地舉行儀式將會淨化聖地。

舉例而言，日本著名的富士山就是一處天然的聖地。它是距離東京西南方七十英里的一座火山，高度達海平面以上一萬兩千英尺；是日本第一高山。傳說中富士山是在公元前二八五年的某一夜形成的。自十八世紀起，它一直是一座靜止的死火山。

富士山的山峰獨自聳立，數英里之外便能一眼望見，它是藝術家及詩人最喜愛取材的主題。這一座日本的聖山每年吸引來自世界各地數千名的遊客造訪。盤旋而上的山路引領著朝聖的訪客，從靠海的山麓登上白雪皚皚的山峰。他們在沿路斜坡上無數的神社及廟祠佇足停留，以便恢復體力、沈思冥想及欣賞沿途的海景與鄉野的風景。

人類文明的肇始正源自於參考神聖的洞穴及山嶽——其目的也許是想要與大自然的力量相融合，進而展開建造儀典用的結構物。普布羅（Pueblo）族印第安人建造的彷彿地下洞穴，呈現圓狀，因為他們認為天與地的交會處是一個圓。人類所造的建築物之所

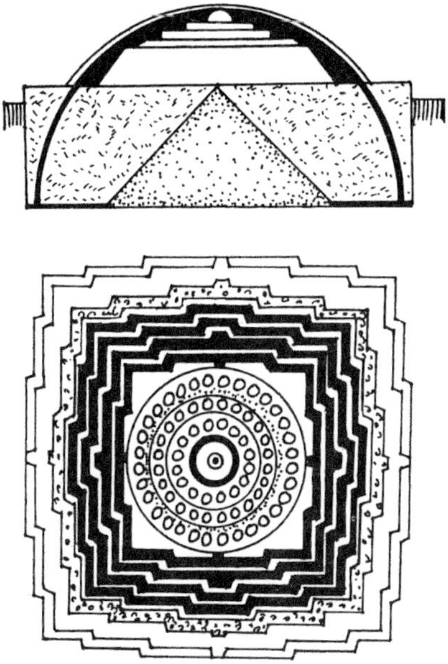

印尼巴洛布杜廟的正面圖及地面設計圖呈現曼陀羅樣式。

以呈現山的形貌，說不定正是因為人類一心想要更接近天神。某些最早期知名的人造聖山——一般通稱為寶塔式建築，就是在五千多年前建造於美索不達米亞平原。

寶塔式的建築物，是以精研而得的月亮、星星、星球之數字及比例，作為建築計畫的基礎。每一寶塔式建築均包括一斜截式金字塔階梯的方形構造，它的頂端最莊嚴神聖；該處往往種植一株聖樹，作為天文觀測台。攀爬至寶塔式建築的頂端，無疑是置身於聖域的中央。而聖域殿堂內的這一點也是象徵中央核心——所有萬事萬物的起源。寶塔式建築的功能是為宇宙的雛型；所有宇宙的故事均濃縮於其中。

寶塔式建築的傳誌在東方的聖地——例如印尼爪哇的巴洛布杜（Borobudur）以及印度的桑濟（Sanchi）綿延接續。桑濟被奉稱是佛陀悟道之地。該地的寶塔式建築構造包括：五十英尺高的大圓頂。在圓頂之內，則設置了釋尊聖像。圓頂是由一走道盤旋環繞而上。走道外環的四面牆形成一個方形體，通往精心雕砌的石門。

桑濟的這座佛寺也是採取繞佛儀式的布置。朝聖者從東門進入寺廟，登上走道，然後以順時鐘的方向繞行寺廟。信徒進門後趨近釋尊，就可以感受莊嚴法相那股驚人的力量，而觸動心弦。據說，站在釋尊聖像之前，可以產生慈悲心。若是繞行舍利塔頂禮致敬則更具有加強的效果。此地作為宗教信仰的中心，已達兩千多年之久了！

你若想像自己站在桑濟寺的頂端向下俯視，那麼三度空間可能會降為二度的平面空間。值此之際就會發現，桑濟寺的空間模型圖近似於錯綜複雜的西藏曼陀羅。西藏的曼陀羅融合了圓形及四方形，再加上數字、象徵及圖案等排列，從四門入口延伸的城牆觀之，一眼即知它是四方形的基本結構。聖殿內的中心圓則安置著神尊的聖像。桑濟寺的圓頂及四方形城牆的設計，在在說明它是西藏曼陀羅的縮影。

除此之外，還另有一相似處，信徒也會沿著曼陀羅繞圈，但不是用雙足繞，而是行注目禮繞行。他們依照約定俗成的程序仍沿用曼陀羅的圖案設計。每一扇門均是由一位

西藏的曼陀羅與寺廟殿堂的平面設計圖類似。聖域的中央由一面具有四個門的城閣守護；每一扇門均設有一門護尊。

象徵本質我某一面的憤怒尊所鎮壓守護。本質我的各層面包括：依戀、貪婪、恐懼。這意謂了朝聖信徒在趨前走近中央之前，必須正視本質我。曼陀羅是內在心靈的地圖，用來指引及支持有心想要提升精神意識者的心理發展。

實現心靈之圖案

西藏的曼陀羅可以作為冥思默想的視覺輔助工具；它也可以是說明特定心靈實現的圖案。榮格表示，儀式專用的曼陀羅最初就是為此而設。杜西（Jucci）也表贊同的指出，最初發現曼陀羅的由來，即是透過內省的經驗，而這種內省的經驗則是受「人類心靈某些內在的需要」所驅使而得。只不過晚近為了重新找出通往心靈狀態之路——曼陀羅的原創靈感——因而才將曼陀羅派上用場。杜西寫道：

源自於一股內心衝動而產生的曼陀羅，竟反過來成為沈思冥想的輔助工具，以及作為一種外在的媒介物，以便在全神貫注靜思下獲致該幻景。顯現於神祕學家外表的直覺，雖然最初頗為善變、難以捉摸，但在他的全神貫注之下，終於得以重新探索出如何接觸神祕本質。

傳聞歐洲地區也利用曼陀羅作為視覺輔助的工具，以臻至理想的心靈狀態。哥德式教堂內的裝飾圓窗就是極佳的例子。這些花形格子的裝飾圓窗吸引觀賞者想要一窺堂奧，感受教堂內的和諧、莊嚴及喜悅的氣氛。

中古時期歐洲教堂入口處的地磚，往往採用圓形的迷宮設計。此曼陀羅象徵著前往聖城耶路撒冷的朝聖之旅。朝聖者從迷宮地磚外一面跪拜，逐漸前進至殿堂中央及新耶路撒冷，並一面禱告。眾人皆認為此一具有象徵意義的朝聖之旅，有助於讓虔誠的基督徒更接近虛擬的耶路撒冷；換言之，此朝聖之旅也暗喻著與上帝結合。

想要與他人分享經驗及指引他人到達心靈實現的境界，激發海德加爾（Hildegard）創造出曼陀羅。海德加爾透過她所創的曼陀羅，與以神祕幻影出現在她面前的上帝溝通。這位十一世紀的基督徒將上帝的形象描述如下：

查翠斯大教堂（Chartres Cathedral）的迷宮圖案

在周圍繞成一個圓的王座之上，坐著一位活生生的人，祂充滿了神奇的榮耀之光……從這位坐在王座之上、光芒四射的人身上，又向外延伸出如東升的旭日般浩大的金色圓環。

她又指出自己在另一幻景中，看到置於巨人胸部中央、類似子宮的一個圓輪。她寫道：「上帝無止盡的將一切萬物包覆於祂之內，並且超越一切萬物，這就宛若圓輪將隱藏於它之內的事物包覆起來一般。」

海德加爾所體會的神祕經歷，趨使她開始著述及展開圖畫的創作。對她而言，諸如此類的創作活動等於是讚頌她所見的幻景，也是她採擷超自然經驗的一種方式；更是設法用他人能夠了解及受用的形式，將訊息與人分享的一種嘗試。創作曼陀羅對於海德加爾而言，還具有治療的作用。在開始創作時，她深受病魔所苦，但是當她將創造力發揮在寫作及畫圖後，病癥就消失無蹤了。

另一位歐洲的神祕學家傑考伯．包密（Jakob Boehme）則創作出象徵基督教宇宙觀的曼陀羅。他假想精神及物質自然的兩大本體，如上帝之大圓內的圓輪般互相的旋轉在一起。他寫道：

自然之輪從外向內旋轉；因為上帝住在本身之內，且上帝具有自然之輪的形象。但是，人類無法將上帝的形象畫出來，因祂的形象僅只是與自然神似罷了！這也就如同上帝以此世的形象描繪自己；且又因為上帝無所不在，所以祂居住在本身之內（註：外輪是星星在其中運行的黃道帶，而七大行星則緊接在後）。

包密將自己的宇宙觀繪成一個供作沈思冥想的曼陀羅。他寫道：「我們可以針對沈思時比較想不通的事物，好好的在大圓上作畫。」

包密對於互斥對立的事物比較感興趣，他的哲學深受傳統的煉金術所影響——煉製及蒸餾珍貴物質之前，必先將基礎物質解析為相斥的成分。由於包密認為，萬事萬物均包括黑暗面及光明面，就連上帝也不例外，因此他的作品引發不少爭議。他所繪畫的曼陀羅往往分割為兩部分，且包覆在更周全完整的圓內。我們可以從包密的作品中看出他運用圓形，來包容及組織不同的要素，以便在相異中求得和諧圓滿。此特徵也反映出他的神祕主義觀，也就是一切事物均包含於由神所主宰的更大範圍內。

文藝復興時期的義大利牧師佐丹諾·布魯諾（Giordano Bruno），相信他所創作的一系列曼陀羅。布魯諾相信，將視覺表象納入記憶中，想像力將會完美無瑕的刻畫於腦中。如此一來，將可導致個體的情緒轉化得更為美善，藉以達到他在曼陀羅中所描繪的和諧境界。

從上可知，曼陀羅因襲了豐富、重要的傳統，可供人類當作定方位、鍛練心靈及與宇宙的節奏相連結的途徑。為了使與此相關的知識更普及化，我將詳細描述東方典型的曼陀羅儀式。此外，藏傳佛教已經將曼陀羅的宗教儀式發展至極為繁複精湛的程度。如欲了解曼陀羅儀式的種種程序，則有必要得知曼陀羅所憑藉的信仰基礎。

早期的佛教徒相信兩界之說——且這兩種截然不同的世界彼此不相通。杜西說明這兩界；一為你我所熟悉、講因果報應、生與死不斷輪迴的現實世界；另一則為涅槃界——必須經過修練成正果才能達成此因果、宿業消除的世界。如欲修到此境界，則必須參悟及體認人生，參悟宇宙本是變化無常的道理而減少業障，修成正果。

涅槃界可定義為解脫（Absolute）。這是存在於你我所知世界的真實本質。解脫後被想像是一片靈光。當信徒從外在的表象解脫，改而觀照內心時，那麼無色的眩目光芒就澤被於四周了！

為了達到開悟成道的境界，就必須努力參透從肉身解脫的錯覺，領悟宇宙中的一體性。到達此境界需要重新建立有關自我的信念。因此，雖可以靠外在的儀式或冥想等方式，協助人類開悟成道，但是內心的修為才是根本。

杜西指出，信徒欲通往曼陀羅的啟蒙之路，必須好好注重內在的修持，才得以獲准接受訓練。傳授者判斷信徒符合入學標準後，便順應天時地利，授予曼陀羅相關的技巧。研習者受到啟蒙的程度，端賴傳授者對於曼陀羅的傳統所知的深淺多寡、傳授者評斷研習者的需要以及當時的占卜朕兆而定。

首先，在僻靜之域的地上清理出一處空間，然後傳授者透過淨心、冥想、齋戒及誦經的儀式，培養研習者適當的心態。接著，發給研習者色線，授予他們舖陳出區分為四等份之圓的程序。再用墨水、顏料或色沙創作出曼陀羅——雖是運用傳統的設計及顏色，但仍可在不逾越傳統下，產生變化獨特的創作。使用媒材的不同——例如以藍色顏料搭配青石地，則可加強顏料在儀式中的象徵意義。

信徒畫出符合西藏傳統、色彩繽紛的曼陀羅後，就被指引走過冥想的不同階段，讓他面對阻礙他自己達成完全意識狀態的各層面。其中部分的技巧有賴於透過個人的經驗，進而深入了解曼陀羅的傳統象徵。以曼陀羅為主的觀想，有助於內在修持。信徒的內心喚起了曼陀羅的圖像，他的心眼專注的凝視這些意象，將它們放入自身之內。為了強化此種經驗，於是傳授者提醒信徒這些意象並非真實存在，不過只是自身想像力的投射罷了！

信徒經過訓練及反覆的練習後，就學會在內心鮮活的喚起曼陀羅的圖像，並專注地凝思圖像，以便能從分離的世界回返一體的境界，與純淨意識狀態連結。因此，西藏人將曼陀羅作為往返各種意識狀態的路徑。

傳統以來一直把曼陀羅當作沈思冥想的工具，使人類全神貫注觀照本質我，一方面藉以獲得意義非凡的經驗，一方面產生一股心靈的次序。曼陀羅象徵了「內心和諧及圓融的安全島」。它被賦予心理學的意義，一如敏銳的感受力是在現實世界中定方位，以求生存般的重要。在下一章中，我們將集中討論當代西方人如何將曼陀羅運用於探索意義、個人成長及心靈體驗等層面，請拭目以待。

編註：

- 「自我」（ego）代表個人對自己的一切概念。在佛洛伊德的精神分析論中，人格結構包括本我、自我、超我三部分，自我代表人格的現實部分，一項主要的功能在於獲得基本需求的滿足，以維持個體的生存。
- 「本質我」（self）指個體意識到自身存在的實體，其中包括軀體與心理的各種特徵，以及由之發生的各種活動和心理歷程。在本書中，對於自我與本質我的關係有相當深入的探討，自我是涵括在本質我之內，self一詞常被解釋為「自我」、「我」或「統合我」，為了與ego區分，本書皆譯為「本質我」。

2.
曼陀羅小宇宙

創作及詮釋曼陀羅

榮格將曼陀羅的觀念引入現代心理學的範疇內，他是經由內心的探求而有了這一番體現。榮格三十八歲時，教學工作呈現停滯狀態，於是他於該年辭去了教職。他全心專注於內在的修持，每一日他都將自己的夢想、思想及所繪的圖畫加以記錄。此外，每日清晨，他都會順著自己內心的衝動，在日記中將之描繪成圓形圖。

榮格觀察自己所繪圖畫中的變化，往往反映了自己的心境。某一天，他收到一封友人的來信，內容令他火冒三丈，而隔天他所畫的圓形圖案內，就有一道裂縫。榮格以他的圖畫為輔助工具，觀察自己每日心靈的轉換狀態。

與心靈小宇宙呼應

榮格發現，他所繪的圓形圖原來叫做曼陀羅——此字彙在印度的傳統中同時意謂著圓心及圓周。印度的曼陀羅所代表的是「小宇宙」的意思；亦即東方宗教信徒致力達成的理想世界。此外，榮格還發現，曼陀羅對西方人也具有特殊意義。曼陀羅之所以意義非凡，是因為它是本質我的象徵。榮格寫道：「我想本質我就和我自己及我的世界一樣，也是單一個體。曼陀羅正好代表此單一個體，且與心靈的小宇宙相互呼應。」

榮格的洞見在數年後的夢境中得到了證實。他夢見他和一群與自己完全迥異的人，一起走過黑暗、潮濕、醜陋的傳統歐洲城市。該城市的道路採取所有的街道往中央集中的設計，從遠處看，這一群人在城市的中央形成一正方形。在正方形內是一座島嶼，被圓形水池所圍繞。島上可見一株長滿紅花的木蘭樹正在金黃耀眼的陽光下屹立。對於榮格而言，閃閃的金光彷彿是由這株木蘭樹所散發出及反射而出的，這使得他視線所及之處光芒萬丈。

包括作夢者榮格在內的一群人指出，他們不知道自己為何要住在此地。榮格注視著這株徜徉在陽光下的木蘭樹，心想其實他非常清楚眾人為什麼要住在此地。那是因為這棵樹散發了寧靜與詳和，讓人的心靈獲得平靜。目睹木蘭樹成為黑暗中的發光焦點，更令榮格深信心理發展的模式絕非全然呈直線前進；相反的，心理發展的過程應是一再重返心靈的中心——本質我（Self）。夢境的體驗讓他發現本質我的原型；也就是人類心靈內早已定出模式、方向及意義的那一面。

榮格寫道：「心靈發展的目標是本質我。本質我的發展絕非直線前進，只會繞圈而行。」榮格指出，看清這一點後，使他產生穩定感，並使他的內心重回平靜。於是，他受到了鼓勵，繼續在這段人生的艱困期中觀照自己。

榮格如此，你又何嘗不是！本質我在你的心靈生活內形成一種模式。你所創作的曼陀羅表現出獨一無二的角色統合模型，透露了本質我的動力。曼陀羅中的圓反映出本質我是心靈努力邁向自我實現或圓融的容器。我們可以在曼陀羅內發現全人類過去共有的圖像及個人經驗的象徵。

由於曼陀羅隱含了奧祕，使得它別具風味且令人感到困惑及玄奧。事實上，曼陀羅真是易如反掌，恰如幼兒玩辦家家酒一樣簡單。所以我們也都能像小孩子般，找到自己的曼陀羅。然後，如同小孩子到了三、四歲時一般，信筆塗鴉的樂趣就會被圖形的奧祕所取代了！誠如凱洛格指出，全球各地的兒童美術囊括了曼陀羅的圖案：圓形、圓內的十字形、太陽、圓臉等。

亙古相通的圓圖

繪畫曼陀羅是自發性、未經琢磨的行為；而各種不同文化的孩童所繪的曼陀羅也是大同小異。但是，當孩童過了五歲之後，就不復如此了！由此論之，繪畫曼陀羅，一部分也算是心理達到成熟且符合自然規律的模式，它往往與幼童學習本質我意識的過程一起發生。

幼童所繪的曼陀羅竟然是數千年前古人創作的複製品，這真是令人匪夷所思。為何這些幼童圖畫中的花樣，與古人的創作作品竟如此類似？這或許是因為孩童邁向意識之路所採取的途徑，與古人相同所致吧！然而，現代的兒童卻重複數千年前成人難以順利抵達之路，前者迅速掌握了人類意識的歷史發展過程，朝向人格成熟之路前進。

幼童所繪的圖樣與北歐地區的古代石雕圖案，並無二致。

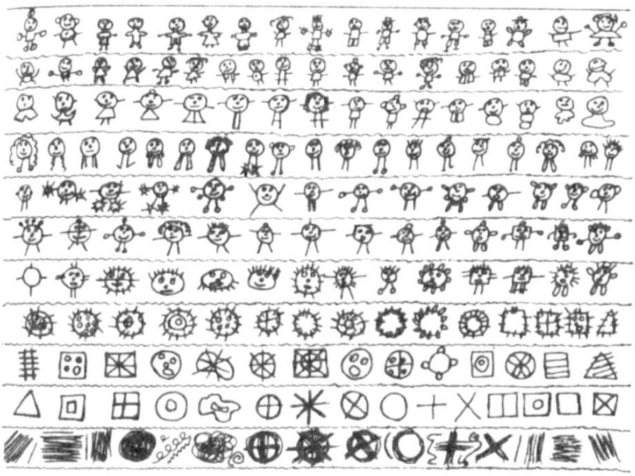

現代幼童所繪的曼陀羅

紐門（Neumann）指出，幼童所繪的曼陀羅，有助於他們確認身分。這部分算是與生俱來的調適力，使幼童得以建立本質我的觀念，體認本質我存在於真實世界，有其時空及特定位置。這一股想要確定方向的驅策力，顯然也是激勵人類創作曼陀羅的力量。或許現代的兒童在繪畫曼陀羅之際，也如古人創作曼陀羅一般，可以感受到內心那股相同的激勵力量，紐門將這股力量歸因為本質我的原型。

對一個體意識上的認同，也就是我們對自己的了解即稱為自我（ego）。自我在人生初期，涵括在本質我（Self）之內，本質我的功能宛如一蜘蛛網支撐著個人本體。自我的存在總是與本質我息息相關。艾丁格（Edinger）表示，心靈生活終其一生均處於「自我——本質我分離」及「自我——本質我結合」的循環關係中，而曼陀羅的圖形也反映了「自我與本質我」的分合模式。

所有人遲早都會與本質我相遇。屆時，我們可能會興起一股想要探求生命意義的欲望、面臨自我的自尊受創或是類似災禍等不幸事件；我們也可能會愛上不該愛的人、染患疾病或作了一個十分逼真的夢境。為了成為一個整體的人格結構，我們終會與內在一些神祕的核心建立起關係。

某位女士曾告訴我她所作的一個夢。在夢境中，她接受的指令是畫一個遍及四面八方的圓，且她可以依循本質我的意念來作畫。然而多數人本質我的聲音總是不夠清晰，

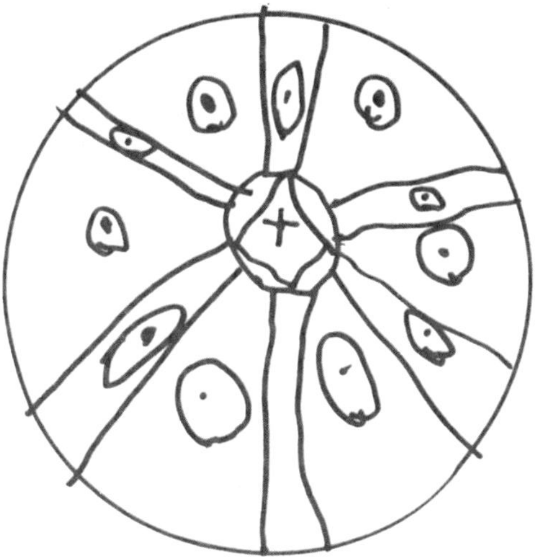

一位四歲女孩畫的曼陀羅

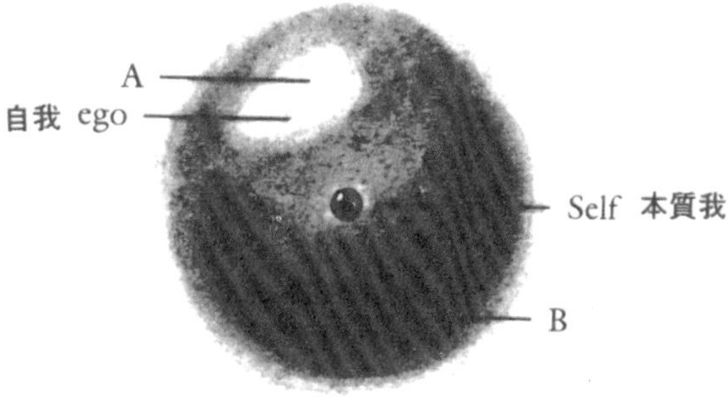

心靈好比球體，表面光亮的 A 區部分象徵意識。「自我」位於 A 區的中央；而「本質我」則既是球體核心，又是整個球體 B。

那麼一旦我們決定坦誠與本質我建立關係時，又該如何處理這問題呢？

潛意識是本質我的動力之源。根據定義，潛意識是心靈中不可知的部分。那麼，為了與本質我建立關係，我們又如何能讓潛意識有所顯現呢？另一種問法則是：「我們該如何在內心開創一處神聖的空間，方足以召喚本質我？」

我們可以採取的解決之道是，聆聽潛意識所表達的語言，以及藉由創作曼陀羅的方式，承認及培養與本質我的關係。曼陀羅可以用意識所理解、同化的形式，容納及組織出自於潛意識的原型力量。

榮格發現，描繪、繪畫及夢見曼陀羅是個體化過程中自然的環節。他鼓勵患者發揮天馬行空的想像力，不在內心預設圖案、自然而然地創作曼陀羅。榮格的曼陀羅理論，已在凱洛格的曼陀羅作品中逐一落實。凱洛格是一位藝術診療師，於一九七〇年代與馬里蘭精神病研究中心的史坦尼斯拉弗·葛羅芙（Stanislav Grof）共同進行研究工作。

凱洛格發現，現代的美國人正處於轉型期時，一如我們的祖先般，也必須定出中央的方位。我們若將自己定位於嶄新的現實環境中，就能夠暫時集中心力。曼陀羅有助於你我開啟潛意識力量，使我們得以重新定出所處外在環境的方位。凱洛格認為，曼陀羅在這方面的用途，就好比它在很多文化的宗教儀式中派上用場一般。她強調，人類不必只將曼陀羅的用途局限於宗教或治療，而可以將曼陀羅依它本身適行之途加以運用，例如：它可以作為人類發現自我的工具。緊握艾瑞阿德妮（Ariadne）線團就可以展開本質我之旅，只不過這並不保證你是否可以抵達目的地，它僅能讓你懷抱著不斷轉化的希望（譯註：希臘神話中的艾瑞阿德妮曾把線團送給西蘇斯，使西蘇斯能自克里特的迷宮中走出。西蘇斯便娶她為妻，但他抵達克索斯便拋下她，造成艾瑞阿德妮自縊而死）。

我們在創作曼陀羅的時刻，等於是製造一個你我正處於當下的個人象徵。我們所畫的圓容納了甚至可說是喚起了——個人本性中相互矛盾的部分。然而，當我們繪畫曼陀羅之際，若是衝突浮上了檯面，那麼就連發洩緊張的情緒壓力也成了美好無瑕之事。也許這是因為圓的形狀令人憶起安穩周全的子宮。畫圓之所以會產生平靜的效果，也可能是因為圓能夠象徵人類的軀體所占的空間吧！或許畫圓就像是在我們所認定屬於自己的身體及心理空間的周遭，畫上一條保護線。

曼陀羅喚起了本質我的影響力、次序及人格整體結構的基礎模式；它支持並維繫你我的生命網。我們藉著曼陀羅的創作，創造出屬於自己的神聖空間、庇護地或集中力量的中心點。當我們以曼陀羅的象徵圖形表達內心的衝突時，無異是將衝突由內投射於外，於是單只是在圓內繪畫的行為，就可以達到無我的一體境界。榮格對曼陀羅所持的觀點如下：

諸如此類的圖像，在某些情況下對創作者的療效甚鉅，這已是經過實驗證明且易於了解的事實；因為創作者在繪畫曼陀羅的過程中往往展現了顯著的企圖心，想要體驗及整合明顯對立的矛盾，另一方面又欲使無法掩飾的分裂癒合，然而若單單存有這方面想法而畫曼陀羅，通常也會產生治療效果。

本書將曼陀羅看成動態靜心，有助於個人成長與豐富心靈。本書以世界各地的輪圓傳統為根基，加上榮格與凱洛格的洞見，再融合我個人的經驗撰寫而成。獨自繪畫曼陀羅，對本質我的永恆形式及當下的真理秉持崇敬的態度，所創造出來的效果最佳。當我們渾然天成般的在圓內著色及畫圖，就能產生治療、自我發展及個人成長的作用。此外若再佐以愛心及專心，就可學會了解曼陀羅的象徵語言，進而深入洞悉個人生命的真正意義。

本書將逐步教導讀者如何創作曼陀羅，也提供詮釋曼陀羅的方式，以期使讀者藉此了解自己。創作曼陀羅是一項有益的活動，針對一些簡單繪畫的步驟悉心精研，必能豐富整個人生。誠如榮格指出：「當這些圖畫讓本質得以抒發時，那麼你我若秉持熱愛生命的態度，潛意識就會起作用。創作曼陀羅時，即使意識內衝突對立，我們也能夠明心見性，感受到現實世界一片和諧、祥和及存在的意義。」

創作的過程

該如何開始畫曼陀羅呢？首先，請選定你的繪畫材料。泥土、石頭、顏料、鉛筆、花、沙、皮革、木頭或布，都可以創作出無數種樣式的曼陀羅。曼陀羅的創作可由個人獨自完成，或與伴侶、團體共同完成。但本書則是以個人作畫為主（繪畫曼陀羅的需知，摘錄自凱洛格的著述）。建議採用繪製曼陀羅的材料如下：

- 12×18英寸白色或黑色圖畫紙。
- 油蠟筆、色筆、奇異筆或顏料。
- 10英寸便條紙。
- 筆記本、鋼筆、鉛筆。
- 尺及圓規（選用）。

大張的白色圖畫紙成效頗佳；或是你也可以選用黑色的建築用紙。我發現，黑色的畫紙最能襯出粉筆的亮度。若用粉筆作畫，噴髮液是不錯的定色劑。散裝的畫紙似乎較適合作畫。畫冊可能會影響圖形的選擇，因為裝訂畫冊的某一邊，將使整幅畫與裝訂其他邊不同。除此之外，採用裝訂的畫紙也比較難定出曼陀羅上方。反之，在散裝的畫紙上作畫，則易於蒐集且容易存放在作畫者的作品檔案內。

也可以在較大張的畫紙上作畫，只是存放比較成問題。然而，在小張的畫紙上作畫則顯得受限。無論選擇大張或小張的畫紙，全依作畫者個人的喜好決定。

創作曼陀羅的理想環境，最好是一個使你至少有一個小時不會受到打擾的私人空間。你需要一處表面平坦的作畫區域。充足的燈光有助於讓你看得清楚，創作出更佳的作品。安靜的環境及怡人的音樂可促進靈感，點一盞蠟燭或焚香會使你專注於作畫，暫時將凡塵瑣事擺在一旁。

當你將作畫材料放在你面前的工作檯後，請採取舒服的坐姿，開始放鬆心情以增加創作力。如果你能夠在創作曼陀羅時，儘量暫時停止思考及判斷，成效會更佳。沒有一幅曼陀羅是對或錯，每一幅均只是反映創作者作畫當下的片刻罷了！如欲讓潛意識呈現，就得讓直覺導引你去選擇曼陀羅的顏色及圖形。

開始作畫之前，最好花幾分鐘讓心情輕鬆。深深地吸氣，然後一面想像緊張的壓力離開身軀，一面吐氣。散個步可以抒解緊張的情緒。請儘量擺脫當日的煩憂，讓自己暫時卸除責任與壓力。

一旦你放鬆了心情，可能會想要閉目養神，專注聆聽內心的聲音。在你張開眼睛之前，可能會發現圖形、顏色及圖樣已在腦內舞動。請盡可能少動腦思考該選擇哪些顏色及圖形，而運用內視力（inner vision）去感覺，然後再開始作畫。如果你感受不到任何想法，就直接進行下一個步驟。

接下來，請張開雙眼，凝視你面前的色彩，讓內心的意念引導你，或是讓色彩自行出現，然後你再挑選一種顏色，開始創作曼陀羅。如此一來，你幾乎感覺是顏色在挑選你，而非你去挑選顏色。接著，畫一個圓，你可以利用紙板畫圓或用手畫。

請繼續儘量少用腦思考，憑直覺開始在圓內著色及畫圖——從圓心或圓心的邊緣著手皆可。此時的你，也許心中已有曼陀羅的腹案，也許仍是一片空白。創作曼陀羅的方式並無對錯可言，請不停的作畫，一直到你認為已完成該幅作品為止。

下一步是定出曼陀羅的適當位置。進行此步驟時必須先翻轉圖畫，從各角度注視這幅畫。儘量不要在意畫紙的邊緣，只要看著圖案設計即可。用自己的平衡感，放鬆心情並聆聽內心的聲音，一旦說道：「這就對了！」即是為曼陀羅定方位的適當方式。一旦定出適宜的方向後，請在曼陀羅的上方標示「上」字。即使你心想早已知道曼陀羅的上方位置，但依循上述的這些步驟；對你仍是有益而無害的。

註明創作曼陀羅的日期，包括年、月、日，將有利於將來參考及查詢。雖然每一幅曼陀羅皆是獨一無二的，然而若未標示日期，將難以記得完成作品的時間順序。若是知道作品的完成順序，那麼圖中所出現的某些色彩及圖形，就可以協助你確定曼陀羅所具備的意義。

有時候，只是畫一幅曼陀羅並不夠。你若仍感不足，就會想要再多畫幾幅。那麼，請運用相同的步驟：觀想內心世界、挑選顏色，然後作畫。如果你在同一天創作一幅以上的曼陀羅，為每幅曼陀羅編號就輕而易舉了！

現在，請將曼陀羅置於你的面前，讓「上」的小字位於上方。最好是將曼陀羅擺在手臂長度以外的距離來注視——用手撐住曼陀羅，讓它放在你所站位置的數英尺之外，或是按住在牆壁上，仔細端詳。你甚至可以將曼陀羅放在住處以外的特別空間，只要你可以經常看到你的曼陀羅即可。

如果你喜歡，此時就可以結束你創作曼陀羅的冥想了！許多人完成一幅曼陀羅時，就會感到莫名的滿足。一些人甚至不願從正在專注於體驗曼陀羅的當下，分出心來。單只是全神貫注地凝視曼陀羅，或忘形地端詳著曼陀羅的圖形及色彩，就能在視覺上獲益良多。

你若想像自己十分渺小，假裝自己像走在房間內一般地步行於你的曼陀羅內，那麼你對曼陀羅的體驗，將會有很大的不同。然後，再問問自己待在自己的曼陀羅室內，感覺如何？何處讓你感到最自在或最不自在？而從這樣的觀點而論，你所象徵的符號又類似什麼？你若想更進一步探討你所設計之曼陀羅圖案的意義，不妨運用下述的技巧以及下一章關於色彩、數字及圖形的資訊。

解讀曼陀羅

截至目前為止，各位的曼陀羅作品均已運用了視覺想像力及情感。接下來，你們可以開始採用語言及理性的思考模式。你們可以用文字、聯想或敘述的方式，清楚地表達你的曼陀羅所透露的訊息。如此一來，將可協助你解讀象徵符號的密碼，明白潛意識所隱含的訊息。因此，你需要一本筆記本及書寫的工具加以記錄。

首先，為你的曼陀羅作品命名。

盡可能不刻意地想該取什麼名字，而是順其自然地讓靈感產生。你所取的曼陀羅名稱要能涵蓋你遠觀曼陀羅時，所產生的第一印象，你可能會想要將所取的名字記在筆記本內，並註明該幅曼陀羅的創作日期。若是你在同一天內創作了一幅以上的曼陀羅，也可以順便編號。連續創作一系列的曼陀羅作品時，最好是在分別完成後才開始解讀該系列作品的意義。

第二步，逐一列出曼陀羅作品中的顏色。

先從主色開始，一直記錄到最不搶眼的顏色。此外，特別註明畫圓的顏色及紙張上空白處的襯托色。完成此步驟後，寫下你注視各色彩的聯想，包括：字彙、感覺、影像或記憶。

整理完你對各色彩所產生的聯想後，就可以開始確認你個人所運用的色彩表。如此一來，你不僅能歸納出自己所喜惡的顏色，也將開始了解自己對於哪些人、觀念及感覺，會產生哪些聯想。你甚至會發現，一生中的某些時刻總是會聯想起特定的一些顏色。你獨特的人生經驗決定了你的色彩觀念，我們可以藉此找到重要的蛛絲馬跡，歸納出你所創作出之曼陀羅的意義。

第三步，請列出曼陀羅內的數字及圖形。

通常計算曼陀羅內物體的數目——例如：出現幾滴雨滴——即可知數字為何了！模稜兩可的圖形可能需要用文字說明，例如：「彎曲的底線」、「粉紅色的小花」、「鋸齒狀的波浪」。另外，如「星星」、「胎兒」、「馬」等則是些容易描述的圖形。各位必須專注凝視每一個圖形，一眼即想出用來表達圖形的字彙、感覺及記憶，然後將靈感記錄下來。你所產生的聯想不必非得合理，因為目前還處於蒐集原始資料的階段，在整個過程接近尾聲時，你所產生之聯想，意義將會愈來愈清晰且愈來愈有條理。

一旦你列出種種的聯想後，請參考你所取的曼陀羅名稱，並仔細詳讀一番。此時，你可能會開始留意自己以文字描述曼陀羅的象徵意義。於是，你可以根據自己所列的聯想，推敲出一個主題。接下來，請依照曼陀羅的名字及你所產生的聯想，用幾句話表達曼陀羅的主題，並記在日記本上。等到將來你端視這些曼陀羅的作品時，這些文字對你具有重要的參考價值。

你在審視自己的曼陀羅作品時，會發現你在圖形上所塗的顏色可以改變圖形的意義。舉例而言，想一想白色的十字形圖案正居於曼陀羅的中央，代表了什麼意義？「十字形」令人產生的聯想，可能是「十字軍」、「跨步向前」、「嚴陣以待」；白色給人的聯想則是，「貧乏的」、「看不見的」、「超脫塵俗的」。事實上，就藝術工作者的象徵語言而論，白色的十字形圖等，減弱了決心及毅力的程度，就好比雖然仍具備堅定的意念，但是此刻的行動力可能不足。

你若是能遵循上述的步驟，就可以將曼陀羅所涵蓋的象徵，從視覺層面轉變為文字層面。如此一來，你可以運用大腦的視覺空間能力及文字能力，更完整地處理資訊。而這些步驟能讓你明白象徵的意義，使你得以取得更多有關自己的資訊，進而認清自己。有了這些技巧，你就能咀嚼及消化曼陀羅內的豐富養分，因為它充分地反映了你個人的本質。

就讓我們來親睹如何運用這些技巧，以解讀一幅曼陀羅的意義。這幅曼陀羅是某位藝術治療師的作品。這位藝術治療師是一位已婚的中年婦人，也是三位孩子的母親。她將此幅曼陀羅命名為「海之花」（Sea Flower，請參考圖版一）。她對於該曼陀羅的色彩、數字及圖形所產生的聯想如下：

深藍色：深遠玄妙、深淵、媽媽、海洋、如謎似的、死亡、隱密的、夜間。
淺藍色：溫柔、憂鬱的男孩、光滑、少女、天空、明亮、舒適。
深粉紅色：活潑生動的、樂趣、節日、性感、響亮、搶眼、狂熱。
淡粉紅色：柔和親切的、容易受傷的、嬰兒、薔薇、花卉、柔弱、心靈的、蓬鬆。
中紅色：腐蝕、神經質、糖果、橡皮糖、私密的、僵硬的。
紫色：帝王的、莊嚴的、崇高的、沈重的。
4：均衡、雙雙對對、四種功能、本質我、四個方向。
8：四對、爸（與八同音）、一群、一星期又一日、憎惡、末期、小憩。
花卉：美麗的、成長的、栩栩如生、禮物、自然的。
小粉紅花：活力充沛的、生動的、精力旺盛的、爆炸性的、膨脹擴大、強而有力。
藍花：寧靜的、母系的、美麗的、平衡的、均衡的。
淡粉紅花：性急的、年輕有勁、邋遢的、奔放的、熱帶的、腐肉的臭味。
暗粉紅色：強壯的、成熟的、特有的、支持的、保護的、凋萎的、魁梧有力的。
花瓣：心臟、開口、帽子、指向外或向外移、膨脹的。
圓點：神祕的、嶄新的、無義的、豐饒的。
蛋：潛在的、孿生的、家人、珠寶、藥石、高貴的珠寶、神祕莊嚴的、光滑的、天

鵝絨、卵細胞。

粉紅鳥：掠奪的、侵略的、掩護的、上升的。

紫色線：保護的、縮短、未完成的。

相同的粉紅色圖形，卻讓這位女子產生兩種聯想，一為粉紅鳥，另一為暗粉紅花。她數著花瓣，想到了「4」與「8」兩個數字。她對於淡粉紅色與淡粉紅花的聯想，並不一致。關於她的曼陀羅作品的意義，她歸納如下：

我心中崇高、寧靜、靈性以及自我為中心的均衡感（以紫色線條為輪廓的小粉紅花、藍花及淡粉紅花），因律己嚴苛的意念突然闖入（粉紅鳥），因此產生了威脅。這些想法將我的慈悲心喚醒，同時也讓我想到了祖先代代沿襲下來的死亡一事（暗藍色、腐肉臭味的粉紅花），以及人類與生俱來的智慧。邪惡女神的玄祕意念（暗藍色）進入我的魂魄核心（圓點），它的出現帶來了一陣能量、創造力及力量（小紅花）。這朵花幫助我參悟（see）了人的歷程，這就是為什麼它稱為海（Sea與See同音）之花了！

這女子對這幅曼陀羅有所體驗後，開始察覺自己對精神面過度認同。這一番體認協助她承認，自我地位的崩潰是必要的基礎，絕不是令她不自在的威脅。頓悟死亡的奧祕，讓她對自己生而為人更加心存感激。此外，本質我的原動力也使她得以透過這幅曼陀羅而體認現狀。

眞相的流動

列出你對於顏色、圖形及數字和聯想，是解讀你所創作之曼陀羅的重要步驟之一。每個人所列的意義均大不相同，然而，這其中的某些意義將會一直維持不變，也有一些則會隨時間而改變。你所產生的種種聯想就是你個人的最佳寫照。

一旦你將聯想逐一列出後，有時你也可以轉而訴諸其他來源的象徵符號，以獲悉更多的資訊。在某些時候，你可以運用個人自發性的反應，來判斷新的資訊是否適用於你的曼陀羅作品。當你解讀象徵符號時，是否會感到興奮？你的內心或許正默想著：「啊哈！這就對了！」若是如此，就表示此時此刻該訊息對你適用。

但是，你對於曼陀羅作品所產生的反應，往往令人費解。你也許會對曼陀羅作品內極為重要的象徵符號，絲毫沒有任何反應，甚至還會產生反感。至於你對象徵符號分析得適當與否，就得視心靈對此訊息是否感到滿足而定了！你若感覺受到一股想要繪畫更多曼陀羅的力量所驅使，就表示你對象徵符號的分析堪稱成功。

你絕無法探究出曼陀羅內象徵符號的全部真相。你所運用的顏色及圖形僅反映出流動的過程，恰如天然的泉水會突然地在某地泉湧而出般，任憑你擋都擋不住。所以，我們無法清清楚楚地為心靈歸類，也不可能百分之百地了解心靈。一個月或一年後再回來審視相同的曼陀羅，也許會產生新的領悟——而這些也同樣是真相。你也許會遇到一些神祕難解的圖形，它們定期地出現、消失、又復出於你的曼陀羅中，但你卻始終不了解這個圖形。

有了繪畫及研究曼陀羅的經驗後，你可以識別出象徵成長期及變動期典型的圖形及顏色。得知這些圖形的象徵意義，會讓你透視自己。解讀你的曼陀羅內之圖形所象徵的意義，能使你更加認清自己生命的模式。

當你個人的成長過程較過往更為深刻、更加提升且更具活力時，即是你對自己的曼陀羅作品做出圓滿詮釋的最佳指標。創作曼陀羅不僅有助於促使自我的完整，另一方面又能讓你觸及內心高度的智慧，協助你達成人生真正的使命。因此，**曼陀羅就是生命本身的禮讚；將讓你有機會去成長、去愛以及去行動。**

3.

曼陀羅小宇宙

曼陀羅的顏色象徵

孩提時，耶誕樹上的彩燈總令我著迷。在某個令人興奮的假期，且正值弟弟降生之際，一道藍光打在樹枝上拖曳而下的情景，讓我看得目不轉睛。這色彩莫名的吸引著我，於是我趨前端詳。沒多久，我蜷著身子躺在樹下，專注凝神地注視著藍光，竟未察覺我的鼻尖就要觸及這道光了！於是，我的身體開始放鬆，心中隨即感到寧靜及平和。當下我便察覺，顏色所產生的效果是直接、內斂及感動人心的。

曼陀羅的顏色表達了你內心的思考、感情、直覺，甚至是你身體的感覺。分析你的曼陀羅作品中色彩的象徵意義，有助於你了解自己的潛意識所放送出的訊息。某些顏色顯然易懂，某些則否。有時候，顏色具備了數層的意義，而每一層的意義則都具有些許差異。此外，同一顏色每一次使用所代表的意義皆有所不同。參考一般傳統上對顏色的聯想，不但可以開展新機，也可以豐富或釐清你的曼陀羅中顏色所代表的意義。

顏色的共通性

儘管顏色的意義並非隨時隨地均一成不變，但依據許多世代共同的經驗為基礎，就增加了共通性。舉例來說，自混沌初開以來，太陽就一直溫暖及滋養生物。因此，代表陽光的黃色，即象徵了光、溫暖、養育、洞察力。另外，太陽本身普照世界各地，所以，太陽集結了一切的色彩。

本章對於色彩聯想的描述，只是為了刺激你去思考自己的曼陀羅作品中，每一色彩所象徵的意義。這些意義並無對錯，它們只是可能的排列組合罷了，有時候部分色彩的意義互相重複，有時候則互相對立。判斷你的曼陀羅內顏色所象徵的意義並無捷徑，最好是從逐一分析各個顏色開始。

請仔細閱讀本章針對你在曼陀羅中使用的顏色所提出的訊息，其中某些字眼及觀念充滿了活力，另一些則顯得枯燥、無生趣。請將前者補述於你的日記內。

歐美的文學、藝術、宗教及哲學中，有許多關於顏色的資訊，我擷取部分菁華呈現在本書中。某些顏色雖仍涵蓋歐美以外其他文化所象徵的意義，但疏漏缺失在所難免。之所以多方參考與引述，是為了顯示色彩的象徵意義本身具有豐富的淵源，以刺激讀者創作曼陀羅時能充分發揮想像力。

觀察接受藝術治療的患者繪製曼陀羅，以及臨床醫生利用曼陀羅作為反映個性指標的研究心得，也是我取得顏色資訊的來源。此外，我也將一份關於色彩聯想的問卷結果囊括在內，該問卷針對參加宗教及心理學會議的數百位人士為市調對象。以上這些資訊來源，有助於你了解一般傳統加諸於顏色的意義。

在描述各種顏色之前，先了解曼陀羅內顏色的配置，將有助於分析。注視自己的曼陀羅作品時，應留意正中央的顏色，它象徵了當下對你最重要的顏色。你的曼陀羅是否以某一顏色為主色？若是肯定的話，則顯示你全部的注意力完全鎖定於該顏色。如果你所使用的色彩饒富變化，就表示你的能量落於數處且分布得較為平均。

留意你一開始畫圓的顏色，這將是一條觀察你自己的有利線索，讓你得知自己呈現於外界的那一面向。原則上，這個圓象徵了你的自我界限。舉例而言，你若選紅色，就意謂了你將自己的能量或憤怒（依紅色對你的意義來決定是前者或後者）顯露於外。你若採用綠色，就表示在你與外界的關係中，滋養培育的能力可能會特別凸顯。

跨越意識門檻

曼陀羅上半方的顏色往往與意識過程息息相關；而下半方則往往顯示潛意識的狀態。若將你的曼陀羅看作是時鐘的表面，那麼十二點位置的顏色就透露了你的意識知覺；位於六點位置上的顏色與意識最無關連。三點及九點位置的顏色，則象徵了跨越介於意識及潛意識門檻的意念。

留意你在曼陀羅內著墨特別濃烈或是特別淡的顏色。使用濃烈的顏色加強了顏色的象徵意義；也透露出象徵該色彩的情緒非常強。輕輕帶過的顏色，則顯示了可能因疲勞、缺乏自信甚至是悲傷所引起的短暫情緒。

本性不善分析的人單只是注視曼陀羅所出現的顏色，就能從中獲益。我們對顏色的

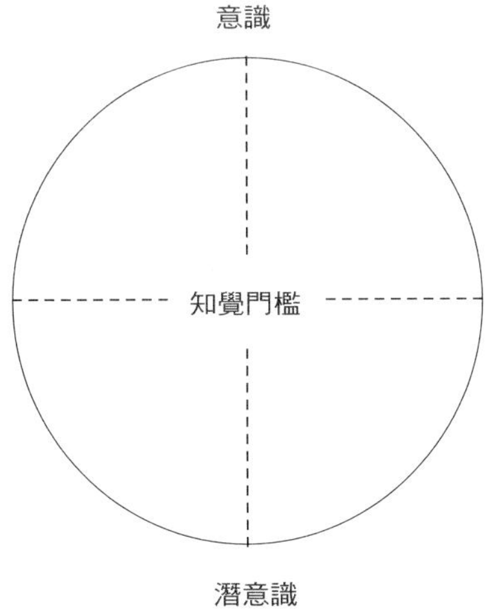

曼陀羅內顏色及圖形的位置，可以顯示它們所象徵的意義是接近知覺意識、遠離意識或已越過知覺的門檻。

選擇，大多是由潛意識所主導。即使你有心操縱展現於外的色彩，因而慎選顏色，但潛意識仍會深深影響最後的結果。換言之，你所採用的顏色直接表達了超越意識知覺的內心狀態。

研究分析你的曼陀羅作品時，是「你」——你意識中本質我或自我察覺出顏色所表現的潛意識象徵，然後將訊息從潛意識傳達至人格的意識面——即使你未探究顏色的意義，也不例外。如此一來，就有助於在個體化的過程中擴張意識。儘管如此，花時間持續記錄你的意識發展過程，這份領悟將深深滋潤你的心靈。

研究分析曼陀羅時，切記曼陀羅並無優劣好壞之分，正如你不會因一朵花長出出人意料的花色而責備它一樣。因此，你只有接受及欣賞自己的曼陀羅所表現出來的一切。從你的一系列曼陀羅作品中，找出自然流露、足以反映個人獨一無二生命過程的顏色及圖形。只要你察覺其中的色彩富變化，就表示生命的活力正在你的內心拓展開來——即使你可能隨時會對生活的模式大感吃驚亦無妨。

黑色

黑色是黑暗、邪惡、死亡、神祕之色；它道出了虛無、子宮及萬物發端時生動逼真的混沌之象。梵．法蘭茲（Von Franz）形容黑色是「屬於知覺意識無法得知的範疇」，與象徵黑暗的黑色成對比的是象徵光明的白色。無數文化中的創世故事，均充滿了對黑暗及光明的想象。聖經以詩句的形式開宗明義指出：

起初上帝創造天地。
地是空虛混沌，淵面黑暗。
上帝的靈運行於水面上。

——創世記第一章第一～二節

毛利人的一則創世神話繼續闡述黑暗的主題：

> 天與地被視為是宇宙萬物、神與全人類的起源。黑暗之所以會存在，是因為黑暗與光明密不可分。由黑暗及光明所生之子，正思索著兩者之間可能的差異。

神話起源的曖昧與難解，就好比煉金師——開始煉金時所採用的灰暗、沒有成形的物質一般。煉金師認為，此灰暗的物質變成烏黑，是轉化過程已展開的朕兆。這一轉黑的階段是徹底改變的時刻，而人們在此時看不見重大的發展過程正在進行。

黑色可以象徵任何過程的黝暗之始；它也意謂了展開這些過程所需之原始、豐饒且取用不盡的資源。什洛特（Cirlot）指出：

> 一直到原始的「黑」分裂為光明及黑暗之後，光明／黑暗的二元論才開始作為道德的象徵性準則。因此，就象徵符號的傳統而言，純粹的黑暗概念不等於幽暗、朦朧；相反的，卻類似於混沌、動亂。

黑鴿子、天鵝及歐洲神話故事所出現的生物——甚至是你的曼陀羅作品，均與此原始的豐富資源互有關連。

子宮是新生命的起源及孕育地，它的奧祕是黑色所涵蓋的另一層重要意義。女性子宮內的生殖力類似土地的隱密性，正足以說明，我們的祖先為何選擇陰暗的土地來禮讚生命的繁殖力。古代的洞穴、巖穴女神或類似子宮般黑暗聖地的女神，往往主掌了生之奧祕。也許是因為希臘的月之女神黛安娜令人憶起在她之前的土地女神，因此神話中形容她有一張黑色的面龐及一雙黑色的手。

黑暗女神以人類的身分，居中介於人類由「死」通往「生」之路。因此，概括而論，黑暗女神的顏色（黑色），也意謂著心靈貶抑為物質及時間，由於大地女神介於虛無通往實質之路程，因此，她們自然掌管了從實質返回虛無之路，以及從光明（生）進入黑暗（死）之路。同理，如：艾瑞許琪蓋兒（Sumerian Erishkigal）及希臘的普瑟鳳妮女神（Persephone），均是暗無天日之冥界之神。

儘管黑暗的大地之母不再受到祭拜，但是在某些意想不到的地方，人類仍因襲著她的傳統。我們在女強人身上找到她——稱之為「母性」。有些人在聖母馬利亞的身上——尤其是當她掌管燈火通明之基督教堂下方的地穴時，感應到女神的靈。甚至在埋藏死者的傳統風俗中，我們也可以察覺出祭拜女神的遺跡。古人認為，埋藏的儀式象徵了重返大地之母的子宮內。

黑色讓人聯想到看不見、跳脫知覺；恰如月亮的陰暗面一般。黑色適合作為潛意識的象徵；它也意謂了失去知覺。就心理學的術語而言，失去知覺往往意指自我失去知覺的所在地。諸如此類的事件往往是人類本能所排拒的，但全心投入的神祕學家則例外。自我必須從潛意識抽離，以便建立本質我的意識。然而，本質我仍或多或少易受欲望的逆流所驅使，而進入潛意識。如此一來，則會奪去了自我自保時所需的精神能量，而像一口井因地下水流往他處，變得枯竭一般。黑色是象徵自我意識無時不在的挑戰。

我們的祖先將有損及自我的黑色力量擬人化，以令人膽顫心驚、邪惡的黑色生物顯現。希臘掌管魔法的女神黑克蒂（Hecate）即是一例。她總是在沒有月亮的夜晚於陸地上徘徊，無視十字路口上受驚嚇旅人的存在，由於上帝創造了諸如黑克蒂這般懾人的女神，我們的祖先只好藉著將焦點集中於其形象上，並將形象加諸了信仰、風俗及儀式，來抑制世人對她們的暗影心生恐懼。我們現代人與祖先的作法相仿，乃是以慶祝萬聖節的方式，為黑暗製造一個不可或缺的空間。

黑色與終極的奧祕及死亡的陰沈有所牽連。陸斯契（Luscher）形容黑色是「對顏色本身的否定」。他補充道：「黑色象徵超越了生命力終止的絕對界限，因而表達出滅絕的空無觀。」

黑色經常在與死亡相關的儀式過程中派上用場。哀悼所愛之人的死亡時，往往會身穿黑衣。耶穌受難節的儀式色即是黑色，它也是巫毒教之神蓋德（Ghede）——死亡的象徵。此外，蓋德期待人類以烏黑的辛辣食物為祭祀的牲禮。

黑色是撒旦之色。撒旦在古羅馬的農神節慶典中，備受尊榮此一年終的節慶日——恰與太陽之「消逝」不謀而合，是以向挑選出來的慶典之王獻祭為核心，而此順應自然必要的儀式，意謂著舊次序必須消逝，讓新次序登場：正象徵所謂的死而復生的輪迴循環。以更深層的角度而言，這一慶典意指：黑色讓人領悟，死亡／再生不過如同深層延續過程中的轉換階段般。

美國土著傳統以來，一直將黑色與指向西方的藥輪（medicine wheel）扯上關係。人一生中行走在藥輪的圓形道路上時，向西的方向正好與人的中年不謀而合。若在此人生階段將無知、依戀、全心全意的執著燃燒殆盡，就可真誠虔敬地服侍造物主、大地之母及她的所有創造物。某些人天生即悟得西方方位的課題；某些人則必須透過人生的歷練才會參悟。

有趣的是，美國土著對西方教義與中古時期的基督教信仰，頗有相近之處，兩者皆以黑色象徵克己、自制。基督教也將懺悔的意義與黑色相連，在基督教的信仰及美國土著的智慧中，藉著力行節約來捐棄本質我之本位，是行之久遠用來拋開假本質我的方式之一。

在歐洲的文化中，黑色象徵哀傷、悲慟或虛無的情緒。所謂的「黑色心情」，就是指處於悲傷、憤怒的心緒狀態。在內心壓抑這些負面的情緒，往往會引發自殺的念頭。

若是活得有知，就可以包容意識內的黑暗，進而將其扭轉為積極、正面的想法，十字架上處於「心靈暗夜」的聖約翰（Saint John），即是一例。因此，黑色意謂了在一番新領悟的恩典降臨前的精神之死。

根據我的觀察，曼陀羅中的黑色可能是憂鬱、失落或悲傷情緒的寫照，其中所失落的可能是一個人、某人的社會地位甚至是一種想法。我們在自己所討厭的人格特質出現時，往往會發現意識的自我身分受到了威脅。因此曼陀羅中的黑色可能象徵將個人黑暗面整合，更加明白自己是誰的過程。

每個人在人生的某些時點，都必須與陰影、死亡及邪惡交戰，每當想到死亡一事時，總會令我們對人生的領悟產生質疑；而我們也必須面對自己及他人所行的惡。思考這些艱深的問題，必須得超越理性才行。截至目前為止，人們仍在尋求問題的解答，設法找出一種方式，將這些現實問題納入我們本身所認知的架構內。

曼陀羅的顏色及圖形，使得你我有機會探討內心的情緒，並將參悟的心得具體化，舉例而言，若我們將黑色視為死亡或邪惡的象徵，它便成為我們分析自己的字眼。曼陀羅供作為內心中黑暗與光明之間非理性對話的容器。請盡情揮灑，不假思索地創作曼陀羅。也許剛開始所畫出的圖案醜陋無比，顯得極為刺眼，但與日俱增，色彩可能有所變化，圖形也能達到嶄新協調的境界，對色彩、圖形的判斷力也會有所不同。

當圖形及色彩出現改變時，你會發現矛盾、衝突的心態已產生變化，過去你堅持絕不妥協的對峙，如今可以找到新的圓融之道。過去你眼中的醜陋，如今你可以看見缺陷中的美。這是因為在你的曼陀羅中自行顯示黑暗與光明的圖形，或多或少有助於你在內心中創造一個空間，為這些相關的事件尋求解決之道。善用影像要比運用文字更能深入心靈。

曼陀羅的黑色也意指潛意識的無限創造或未知之事的誘惑力。黑色可以象徵如謎樣般豐富人格或加強人格深度的祕密，這就好比黑色可將藝術作品中的色彩襯托得更為鮮活有力一樣。儘管黑色偶爾象徵了失去熟悉事物的可怕經驗、憂鬱、負面的情緒等，但以下這句話最足以一語道盡黑色的威力：

一切的生命均在黑暗中開始與結束。

白色

白色意謂著純潔、童貞及超凡入聖。白色的象徵物包括：月光、牛奶、珍珠、空無、灰、骨。然而，白色象徵光的本身——無數民族創世神話中的元素，也許是比上述任何一項更為基本的意義。

上帝說，要有光，就有了光。
上帝看見光，以其爲佳，就把光與暗分開了。
上帝稱光爲晝，稱暗爲夜。

——創世紀第一章第四至五節

在神話故事中，光的象徵暗喻人類的潛意識。東方的煉金師曾經運用光的影像，表達他們對深植在每個人無窮意識內的種子所產生的直觀看法。在基督教的信仰中，也有類似且令人聯想起心靈境界的光之影像。耶穌說：「我是世界的光，跟從我的，就不在黑暗裡走，必要得著生命的光。」

白色因光的神聖本質而莊嚴超俗。因此，白色成為精神、非物質及超世俗的象徵，它意謂了純潔、永久及忘形的境界。數百年前的科學學說記實，當白色的光通過稜鏡，它就會擴散至整個顏色光譜內。因此，白色的確可以說是集多重色為一體的象徵。

神話故事裡的白色代表白光、透明及次序。白色往往是神話故事中特殊生物的顏色——特別是指越過現實及影像之界限的生物。在神話中角色舉足輕重的獨角獸、白馬、鳥、兔子以及金髮白膚的少女，所形容的皆是無形的事物，且在神話中往往是他們引領著男女主角接觸該無形的事物，因而讓原有的世界起了永久的變化。舉例而言，《愛麗思夢遊仙境》童話中的小白兔將年輕的女孩引入夢幻世界；威爾斯神話故事中的年輕男子，騎白駒在退潮時抵達海邊，然而潮水突然翻騰躍起，他所騎的馬來不及逃離，於是年輕男子與白馬都被海浪捲走，消失於寒冷、陰暗的海洋深處。

另一較不令人感傷的例子，則是日本神話中關於白晰又美麗的月娘傳說，月娘遭玉帝放逐到地球上後，一直與一對伐竹的老夫婦開心的過日子，一直到她的美貌受到矚目才產生變化。最後，當國王親自向她求婚，她不得不道出自己並非凡人、無法成婚的事實，並在心碎的國王面前幻化為閃爍的光球。這故事闡述：找出適當的方式，從另一面認清生物間的關係有著無比的重要性，而這些生物正象徵了無法直接與凡人生活相結合的原型能量。

本故事中膚色白晰之女主角的稱謂，也意謂了白色是月亮的象徵。月亮陰寒及明亮的特性，使它往往成為白色及銀色女子或女神的化身；例如：希臘的阿特蜜斯女神（Artemis）——中國的觀世音菩薩、玻里尼西亞的希那女神等皆是。蘇珊・藍杰指出，月亮（及所聯想的白色）也是極適合形容女性的象徵。

童話故事中的白雪公主也是白晰、純潔少女的典型人物。白雪公主出生時，她的母親終於如願地喜獲純白如雪、鮮紅如血及漆黑如檀木的子女。遺憾的是，她一出世，母親便撒手西歸，她的人生之路便轉為黑暗且危險重重了！直到有一天一位王子成為她的伴侶才轉危為安。白雪公主所象徵之完美、純潔的女性特質，往往令人聯想起白色。

為避免一提到純潔，我們只會聯想起白色，因此必須切記，白色也是精液、創造力精髓、乳液及支持新生命的顏色。在埃及的創世神話中，宇宙的起源是由於阿圖姆神（Atum）射精所致，因此白色可作為生殖力的象徵。中亞的某些神話，記錄了廣大無垠之乳液湖的傳說。此豐富、充沛的意象將白色與母親及快樂兒童的富足感互相串連。對於這般情境的記憶，也許已是大草原中的巫師施展忘情狂歡之神祕儀式的基礎。

當人類視月亮是神聖、皎潔的代名詞，且以白色為月亮的顏色時，白色便令人聯想為超凡入聖的象徵了，耶誕節及復活節的慶典活動中採用白色為儀式的代表色，使它顯得更為莊嚴與高潔。耶誕節中的白色，象徵上帝之子聖潔無比。嬰兒時的耶穌讓人想起存在於你我內在的孩童。在本質我脫離人格的其他層面之前，心中的這部分對於生命單純的喜樂仍記憶猶新。耶穌提醒我們記得心中的這個小孩，因他說，我們必須像個孩子才得以進天國。白色象徵初生嬰兒及心靈重生者的天真與無邪。

在復活節時，白色是用來慶祝心靈戰勝死亡的象徵色。耶穌復活被視為是實現了他的永生應許。就此而論，白色象徵著靈性——它為軀體注入生命力，甚至在軀體不復存在時，還得忍著與上帝同處。心靈不敗的觀念，令人將白色的圓與新生命的永恆純雅互作聯想。

在美國的土著傳統中，白色也別具特殊的意義；它正是藥輪北方的顏色。北方專司的課題包括：靜心、提升明心見性的能力，及勿因一時的情緒而心生沮喪。一位美國印第安人的智慧長者迪雅尼．伊瓦胡（Dhyani Ywahoo）說道：

「智者認為，人類可以從北方察覺本身行為的根源。人類對於過去所種的因，既無疚亦無愧；只是認為就是這些因招致這些果罷了……於是，我們的心愈來愈沒反應；而認為這些起起滅滅的情緒，就只是情緒而已。然而，宇宙間其實自有其本質及它的靜止狀態。」

從與白色相關的故事及傳說得知，由白色所象徵的心靈領域，往往不是大好就是大壞。對於人類而言，接觸超世俗的幻境，可以啟發心靈，也可以招致危險。瓊安．凱洛格在她的曼陀羅作品中發現，白色往往反映出強烈的心靈經驗後所產生的矛盾情緒。白色象徵「進入未知的超個人心靈空間的一項突破，以及附帶產生對外界力量感到驚恐及讚歎的情緒，面對此景，自我可能掙扎。」

即將不久於人世的人，偶爾會描述一些超現實、超個人的體驗，且往往指稱自己看見了充滿光的人與空間。當生命的氣息脫離人體時，那一道白熱的紅光也不復存在！看得到的就是蒼白的屍體而已。因此，白色與死亡之所以相關，便不難體會了！而葬禮儀式會將白色派上用場，似乎也很合理。

從煉金術的象徵，也可以幫助我們了解白色深具的重要意義。眾所皆知，火化的過程後會產生白灰。誠如艾丁格解釋，變白的過程有矛盾的組合：「就某一方面而言，灰燼象徵沮喪、悲慟或悔悟；但另一方面，它又涵蓋著無上的價值——修業的目標。」白色可以象徵從心理的砲火洗禮過程中倖存，而鍛造出自我與原型心靈之間的關係。於是，經過此經歷之後的自我，便察覺了「超個人、永恆及不朽的層面」。

白色有時候代表曼陀羅內的銀色，這可能是意識狀態的選擇，或必須等到我們用言語道出對曼陀羅內色彩所產生的聯想時，才會出現替代色。徽章上常以白色代表銀色，由於現今所採用的繪畫曼陀羅的顏料並無金屬色，因此此一現象更為常見。

正如金色令人聯想起太陽一般，銀色則與月亮息息相關，它讓人想到了鐵甲武士、閃閃發光的珠寶以及鏡子的反射力。銀色與月亮的關連使它屬於女性的範疇，因此曼陀羅內的銀色，暗示了以果決女性為本質的英雄式行徑。然後，我們就可以從中找出治療、關係及創造力的開端。

曼陀羅內的白色所表現的方式，不一而足；可以是塗拭於紙上的白色顏料；也可能是未塗色，而襯托出白紙本身的底色；或是當白色的蠟筆塗在其他的顏色上方，而使整幅作品產生如珍珠般的光澤時，也會將白色烘托而出。以上各種情況，對於闡明曼陀羅的意義均頗為重要。

凱洛格發現，將白色直接塗在紙上，可以推論：「具有制止之意，表示某些事物被隱藏起來或被忽略了！」也可能意謂著暫緩強烈的情緒，將欲力（libido）移向潛意識內，或是表示不願接受某人體膚的感覺。紙張留白——尤其在曼陀羅的中央留白，象徵已準備好面對迫在眉睫的變動。

曼陀羅內如珍珠般的色彩效果，與珍珠的象徵意義息息相關。什洛特指出，珍珠意謂著一些無價的事物隱藏於暗處。一如珍珠暗藏在蠔內般。珍珠也象徵將惱人的異物轉換為美的事物。因此，珍珠可以暗喻為解決內心衝突的內在修為。凱洛格發現，展現珍珠效果的曼陀羅，意謂著「此人正準備要邁向高峰，或是根本早已有此體驗了！」白色在曼陀羅內這般的特殊運用，可以象徵提升對心靈空間的敏感度，因而使此人重新調整對新的記憶及新意義的感受。凱洛格指出，曼陀羅內的珍珠白是「合成的跡象」。

曼陀羅內的白色意指，增加靈性、透明度及隨時面對改變的彈性；也可以象徵通往心靈空間的開口，它是靈感、悟道及治療之源。曼陀羅內的白色也可能代表活力的喪失、對本身認知的質疑，或象徵將熾烈的情緒隱藏起來。這是因為對某些人而言，白色可能透露出排斥軀體的生命力，不願受那股強制的力量、節奏及脆弱特性所宰制。曼陀羅內的白色讓我們想到了光。

紅色

紅色有其悠久的歷史淵源；它成為葬禮、祭祀及治療儀式中的一環，至少達三萬年之久。新石器時代的墓碑中顯示，準備葬禮的過程中曾使用紅土；歐洲洞穴中的圖畫顯示，選用紅色生動描繪動物及人類作為教化、慶典儀式及啟蒙之用；至今紅色仍是澳洲土著及美拉尼西亞藝術文化中的主色。

紅色是人類祖先重要的生命象徵。直覺上會令人產生激勵效果的紅色，通常成為治療疾病的搶手色，而在理論上認為，醫生身穿紅衣、患者蓋上紅被均會出現療效。舉例而言，愛德華二世的醫師一心想要預防天花，便規定他的患者病房內的一切事物均需是紅色。有些醫生甚至開紅色的藥、食物或紅色的棉紗布，以治療扭傷、喉嚨痛或發燒等病症。

就現代的標準而言，這些行徑似乎既離奇又可笑。儘管如此，科學研究已顯示，紅色對於人體具有不可忽視的效果。芭芭拉．布朗（Barbara Brown）宣稱：「紅色讓大腦產生警醒、激勵等強烈的反應。」因此，當你發現自己的曼陀羅作品中出現紅色，那麼你可以視該紅色象徵著你的內心深處有一股想喚醒療效、提振生命力的意念。

古代及現代社會中無數的人，一想起紅色總會聯想到鮮血。當世人不再認同宗教以動物為牲禮時，紅色便成為鮮血的代替品。如此一來，紅色就成為儀典之中認罪、獻祭及贖罪的象徵。舊約聖經的以賽亞書對紅色的描述為：「耶和華說，你們來，我們彼此辯論，你們的罪雖像硃紅，必變成雪白，雖紅如丹顏，必白如羊毛。」

早期的基督教信仰選用紅色象徵聖靈。早期的教堂則以藍色象徵天父上帝；以黃色象徵上帝之子。現代的基督教信仰雖已不再沿用這種三色一體的象徵，但一些習俗仍未廢棄使用，例如，規定在聖靈降臨節的禮拜儀式中，祭服及祭壇的陳設品均應為紅色。

對於聖女海德加爾而言，紅色也象徵上帝及聖靈。在她的一幅畫作中，一顆火紅的頭顱意謂了上帝的聖靈已被喚醒，而成為「矢志阻止不法現象的自由權杖」。她認為，紅色道盡了那股萌生自上帝心靈、熱忱且追求公平正義的衝動。

紅色作為奉獻的象徵，通常與儀式、藝術及基督教傳說中的耶和華息息相關。在宗教的繪畫中，耶穌的裝扮往往是白衣外罩著一件紅袍。基督教的傳說也描述，當牧羊女向基督之子呈上一朵白薔薇後，就在她觸摸了那朵花之際，牧羊女竟轉為紅色，這便已預示耶穌即將受到苦難。在領聖餐的儀式中，仍繼續以紅色象徵鮮血。而饗宴如食物包括：麵包佐以紅酒，用來象徵耶穌的軀體及他的寶血。

最後再舉以紅色為象徵的人物：耶穌——也就是上帝的化身。聖者聖約翰得到天啟，見證了他的驚人形象。

他的眼如火焰一般；他的頭上棨冠無數。他有一個名字，除了他自己知道以外，無人知曉。他穿著一件鮮血浸染的衣服；他的名稱作基督。

紅色的許多力量是肇因於它是鮮血之色。色彩問卷的結果顯示，具有此聯想的人不計其數。有趣的是，將紅色與火產生聯想的人數也約略相當。火意謂了溫暖、摧毀、去蕪存菁、改變的力量。

在製陶及冶金技術中配合火的運用，極適合用來隱喻人類為獲得智慧所需忍受的種種改變。這是因為就好比用火燃燒、烘製會使陶缽堅固且產生共鳴的響聲般，而人類受苦時所淬煉而生的情緒之火，也將導致轉變及獲得更深度的智慧。西藏曼陀羅是通往開悟之路的心靈地圖，它的外圍所環繞的一圈火，不僅凸顯出起始點，也象徵著燒盡了無知、錯誤的思想及自尊自大。同理，德國傳說中的英雄齊格菲（Siegfried）則被迫跳入火圈，解救遭監禁的布倫喜爾德（Brunhilde），因後者身負創造新世界的天命。

對於中古時期的煉金師而言，紅色是達成「偉業」的重要朕兆，因它象徵了將基本物質冶煉成金。換言之，在進行不可思議的化學程序時，「見紅」意謂著金已出現了；對於煉金師而言，煉成金的境界等於是如獲無價之寶，且彷彿是無所不知了！從煉金師的著述中可得知，激勵他們煉金的誘因非僅只是單純的貪念而已！

榮格曾經指出，煉金的過程事實上是暗喻：成為一個完整的人格所必須經歷的心理轉變。榮格認為，在此所指的人格完整，一如煉金師所追求的目標一樣，事實上是不可達成的理想。儘管如此，我們的內心仍有一股朝向人格完整的成長衝動，使得心靈的各層面差異化，然後組織為近似完整的雛型。而這些心靈層面包括：意識、思考、感覺及直覺等功能，榮格經常會在他的患者的藝術作品中，發現紅色正是感覺功能的象徵。而在內在人格和諧的藝術家之藝術作品中，象徵心靈不同層面的紅色、藍色、綠色及黃色，往往可以達到圓滿與均衡。

查拉幾族（Cherokee）印第安人的文化，也曾針對選擇行走智慧之路的人，提出類似的挑戰。對於查拉幾族印第安人而言，紅色是神聖的內心之火，它象徵著「以神聖的方式表達及生活」。他們認為，人若要取得與生俱有的權利，以便成為智者或服務他人，就必須用正確的思想及行為來尊敬這三大聖火之一。然後，藉由使三位一體的能量系統達成均衡，才能夠完成使命。

關於色彩之於人生的課題，古代的占星學提出了另一種思考邏輯：紅色與戰神事實上是息息相關的。戰神掌管星座宮落在天蠍座及白羊座的人，古代的占星學家認為，火星使這兩星座的人較為熱情、精力旺盛且較具匹夫之勇。由此而論，紅色可說是與男子氣概有關的急性、暴躁氣質的自然表現。

由於紅色是曼陀羅內最常見的顏色，所以它具有一些正面意義，例如：它象徵著人類生存、健康、改造自己使個體更具內在智慧所需的力量。紅色意謂的負面意義，則與傷痛、暴怒、苦難等相關。我們可依曼陀羅整體所暗示的意義及參考曼陀羅的圖形，來決定適當的象徵意義。女性通常會發現在經期時，曼陀羅作品內所出現的紅色往往較為頻繁。這是代表體內荷爾蒙週期性波動的自然反應，因此，在詮釋曼陀羅的象徵意義時，切莫忘了這一點。

凱洛格發現，曼陀羅內的紅色可以是「成功意願」的指標。一系列的曼陀羅中，若紅色出現得少或根本沒有任何紅色，則可能表示性格被動或缺乏自信心。在你的曼陀羅作品中加上些許的紅色，必不會讓你失望。你也許不必讓每幅曼陀羅均出現紅色，但是在一系列的曼陀羅作品中，至少應讓第三幅或第四幅內不乏紅色。

各位務必知道，紅色與紫色、橘色及粉紅色同在。當紅色與另一種顏色混合，往往意謂著能量雖存，但卻與紅色和該色混合後所形成的色彩之象徵意義密切相關。舉例而言，紫色也許是能量（紅色）加上「母親的原型」（藍色）的表現。

切記紅色對每一個人的意義，可能有所不同。對陸斯契（Luscher）而言，紅色是溫暖、活力充沛、引人矚目的顏色。但凱洛格的看法則不同；她認為，紅色意指「人類的強烈情緒——色欲、血液及與殺戮、決斷力相關的隔代遺傳情緒」。傑考比（Jolande Jacobi）也認為，紅色象徵「沸騰、澎湃的情緒」。因此，紅色可能令某人感覺溫暖，但另一個人則可能認為它是極為情緒化的象徵。這兩者均沒有錯；基本上都是對的。

在我所分析的曼陀羅作品中，紅色經常是一種稱為欲力之赤裸力量的表現——它與血、憤怒及苦難息息相關。紅色可能意謂著對生命的承諾、生存力及對軀體的認同。紅色也可以象徵火：情緒之火、靈性之火或變動之火。紅色對你而言，可能是以上這些傳統意義的其中之一，也可能完全大異其趣！

藍色

藍色讓人想起晴朗的天空、廣大無垠的海洋及冷漠的陰影。藍色意謂著沈著、冷靜及平和。研究顯示，大腦對於藍色所產生的強烈反應之一，就是舒緩、放鬆。是不是因為如此，所以絕大多數人都喜歡藍色？或者會不會如歌德所言，藍色具有我們力不能及的魅力？

藍色的表面似乎總是與我們有一段距離，恰如高空及遠山看起來總是藍色般。但是正如我們均打算追隨飛離我們的美好事物一般，我們之所以喜歡注視著藍色，並不是因其超越我們，而是因為能夠吸引我們緊跟其後。

廣闊、悅人的藍天、巍巍的遠山、駭人的深海均讓我驚歎，浸淫於藍藍的色彩中。

早期的人類相信，這些湛藍且遙不可及的神祕世界是神、幽靈及祖先的居住地。從這樣的想法看來，藍色本身就帶有宗教色彩。我們發現，全世界各地的宗教雕像均與藍色有密切關係。

藍色是羅馬神話的諸神之主丘比特（Jupiter）及其妻茱諾（Juno）女神——也就是天后的象徵。在西藏曼陀羅中，藍色象徵超越如旋風般的激情，而僅存澄淨清明意識的心靈狀態。在查拉幾族的印第安智慧中，藍色代表善良心地的神聖之火。早期的基督教徒選用藍色來象徵上帝及天父；而今日的基督教堂則多使用藍色來象徵聖母馬利亞。

根據榮格所言，藍色意指「高度及深度」。我們應能夠明白這道理，因為廣闊無垠的天空總是在我們之上，令我們仰之彌高、望之儼然。海洋亦是如此，單是想像海洋所擴展的寬度及深度，就無異是挑戰我們的心靈超越極限。

人類對於自然界之藍的體驗，教會我們面對凌駕人類標準之上的現實環境，也激發我們本能想要了解自己所置身之世界的浩瀚無垠。相信人類也能夠明白，聖像中之所以運用藍色，就是將這份廣大壯闊依一定比例縮減的一種方式。

我們在基督教的信仰中發現，藍色經常特別用來表達女性及諸如同情心、忠誠、無盡的愛等女性特質。聖女海德加爾敘述自己在金色圓盤的光輝中，看見一個天藍色男子的影像。對她而言，該男子象徵三位一體之上帝的其中一面。然而，有趣的是，她形容他具有「如母親般悲憫」的本質。

母親的特質往往令人聯想起基督教中的聖母馬利亞。身為耶穌之母的聖母馬利亞，是好母親的完美典範。馬利亞是愛、耐心及慈悲心等美德的化身。在禮拜儀式的圖畫中也往往顯示，聖母馬利亞穿著藍色衣服。此一基督教的傳統已將藍色與女性——尤其是正面的母親原型相互連結。

藍色與母親串連的實例，也出現於人類的另一經驗中。凱洛格指出，藍色象徵「人完全受到照顧、呵護，且絲毫不感到勉強的幻想之地」。這是在母親的子宮內所受到滋養的經驗所致；也是我們所稱「好母親」觀念的根源。

你我出生之前，僅只是母親感受一頻一動撫育的水中生物罷了！供我們在其中悠游的羊膜液，是一種非常近似海水的鹽水。那麼，可不可能我們的產前生活經驗，就使我們預設：海洋與最早期對母親的記憶息息相關？若是如此，則可以推論：象徵水色的藍色也與母親互有關連。

以藍色為水的象徵，也隱含著其他意義。水具有清潔、滋養及冷卻的作用。經由水的溶解，可以改變物質。煉金師全仰賴水來分解不相容的物質成為液體的狀態，以便於混合。

水是進行洗禮儀式的元素。洗禮是死亡及再生的象徵，而基督徒則是經由此儀式邁入神職的生涯。水也是用來淨化及奉獻給受洗者的生命。

聖經中約拿及鯨魚的故事，詮釋了另一種類型的水路事件。誠如約拿所承受之試煉中暴風席捲的海洋一般，藍色也隱含了危險重重、深不可測、駭人驚恐的特性。因此，藍色成為潛意識的適當象徵。衝入水中也就成為象徵自我被潛意識所侵蝕的隱喻了！此外，也意謂著隨著衝入水中這一事件的發生，人格也會隨之轉變。

關於藍色，另有一些人發現與上述截然不同的意義。榮格派的心理學家認為，藍色經常與思考的功能相關。榮格解讀「X小姐」的曼陀羅作品時聲稱，藍光象徵思考。

陸斯契認為，藍色象徵完全的平靜。冥想藍色「對於中樞神經系統具有安撫、鎮定的效果。然後，血壓、脈搏及呼吸的頻率就全降低了！於是，自我的保護機制重新在生物的有機體內運作。」據陸斯契所言，藍色象徵傳統、奉獻及永恆的價值。君不見，忠貞的朋友又稱為「摯藍」（True Blue）嗎?陸斯契從他個人的作品中發現，藍色隱含著一股想要讓過去永存不朽的意念。

在占星學上，藍色與羅馬的主神丘比特關係殷切。丘比特掌管射手座及雙魚座出生的人。一般認為，這兩星座的人受丘比特的影響，因而為人誠實、深具道德感、謹慎多疑、充滿實現抱負的意志力。

曼陀羅內的藍色往往與母性息息相關。色調較淡的藍色意謂著無條件的愛、養育及同情心。顏色較深的藍色則可能與捲入是非、貪婪、不具人格的母性相關。藍色出現在女性曼陀羅中，意謂了對於為人母抱持正面的感受。男性的曼陀羅作品中，若藍色的比例過重則暗指被動。

暗藍色——尤指靛藍色表達出夜空、陰鬱或暴雨席捲的大海等情懷。這些均可能暗喻著內在的陰暗面，例如：「潛意識、痲痺、靜止的狀態及死亡。」母神、時母（Kali）均是原始的混沌之源；她們既是子宮，也是墳墓的象徵，靛藍色道出了母親原型的那一面——也就是意識的起源及結束。凱洛格解釋道：「暗藍象徵母神可怕的一面。」而這一面不僅限於母性，也廣及人性中罪大惡極的層面。事實上，一切均因它而敗壞、銷毀及毀滅。

我們偶爾會在基督教的圖畫中，看見悲傷、哀慟的聖母馬利亞身穿藍色的衣服。聖母馬利亞在其子的擁抱下，親眼見證生命中「生」及「受難而死」的歷程。她經由對整個生死輪迴的體認，成為人類特別的仲裁者。她以本身的意識及悲天憫人的胸懷，舒緩陰鬱女性的僵固力量。

凱洛格發現，曼陀羅內出現靛藍色代表創作者曾歷經危及生命的事件。她也發現，此色是艱困的嬰兒期、對母親信心及安全感不足的指標。凱洛格根據她的臨床經驗，聲稱若曼陀羅內靛藍色所占的比例極大，則意謂著與母親之間存在了根深柢固、不可磨滅的衝突與矛盾。在他們眼中母親是一位令人生畏的人物。這種對母親存有負面聯想的情緒，不但剝奪了一個人被照顧、養育的感覺，也養成了此人對他人具有同理心。

曼陀羅中的靛藍色也可能透露出喚醒直覺本能、獲得智慧及培養更深度、更有意義的人生觀。它也可能與心靈暗夜這般艱辛難捱的經驗，例如：感到沮喪、失落或困惑等情緒息息相關。就像露出黎明曙光之前，必須忍受一段暗夜，曼陀羅中的靛藍色也可能是心靈再生的前兆。若是如此，靛藍色便意謂某人開始有能力看透生死輪迴，進而體驗超越有形外在的永恆世界。

黃色

黃色是太陽的顏色。黃色象徵太陽的光、溫暖及其賦予生命的力量。歌德認為黃色是最接近光的顏色，他寫道：「最純的黃色總是帶著明亮、寧靜、快活、淡淡刺激的特性。」

也許是因為黃色令人聯想起人類最大的光源：太陽，所以它成了「知曉」（see）或了解能力的象徵。黃色意指某人具有如神般的知覺力，能夠超越直覺思考、計畫及想像未知之事。凱洛格在解析無數的曼陀羅作品時發現，黃色是意識、本質我認知及個性發展的一項重要指標。

「黃色」在人類進化過程中，反映出對部落的認同感中止、個體意識逐漸明顯的特質。現代及未來的孩童將十分清楚自己是獨一無二的個體，就如同人類共同的祖先一旦能夠直立，必定感覺與其他的部落有所不同。我相信，這種把太陽內化的行為，將使意識產生變化，而使自己異於仍留戀地球或紅塵現世的人。換言之，黃色被詮釋與英雄、個人的使命等關係密切……

膜拜太陽是一種最早及最普遍象徵獻身宇宙的方式，因此，黃色就成為諸如：希臘及羅馬的阿波羅神、埃及的拉神（Ra）及伊卡斯（Incas）、阿茲特克（Aztecs）等太陽神的象徵。這些宗教儀式中的太陽神均象徵一股英勇、雄糾糾的力量；它們創造及引導地球中生物的生存秩序。無以量計的故事及神話，均競相歌頌讚美這些神賦予生命的積極力量。

埃及的神話將太陽所散發出溫暖、滲透的光芒，視為如神一般的金色精液。希臘神話則流傳一則關於年輕貌美的女子戴娜依（Danae）的故事。話說戴娜依的父親深怕自己逃不過宿命，有朝一日恐將命喪孫子之手，便將女兒鎖在小房間內，僅以屋頂為唯一的開口。多情風流的宙斯將自己變為金色的陽光，從屋頂進入向戴娜依求婚。柏休斯（Perseus）就是他們倆的結晶，且正如預言所測，他殺死了外祖父。

以光影為生命之源的說法，也出現在基督教之天使報喜的情節中：

> 某日，當聖母馬利亞正拿著水壺站在水池前裝水之際，上帝派來的天使出現在她的面前，對她說：「馬利亞，你有福了！因為神已選定你的子宮為她的預臨地。你要仔細看，天上將會降下一道光到你的身上，然後再經由你照耀全世界。」

早期的基督徒也選定黃色來表達基督教信仰中光的影像，藉以象徵耶穌基督。聖經以「世界之光」（Light of The World）隱喻基督，就連同音異義的兩字Son及Sun也提供了有趣的線索，來說明古人對於太陽的信仰已豐富了基督教的信仰。毋庸置疑的，最早以「前基督時代」的太陽神為化身的耶穌基督，可被視為是英勇意識的最終實現。

對於太陽影響力的信仰，也是占星學的一環。據稱獅子座是由太陽所管轄；而與此星座相關的色彩，即是黃色。獅子座出生者度量大、智慧高，且思想自由、行為奔放。占星學上認為，獅子座的人特別容易成為偉人，因為他們天生熱情且胸懷大志。

查拉幾族的印第安人文化也將黃色與神聖智慧之火的實現——亦是透過個人適當的付出與努力，足以實現造物者的旨意與黃色相互連結。此外，黃色也是藥輪東方方向的顏色。據說，東方是啟蒙的方位，人若具有東方的智慧，就可以一如展翅高飛的老鷹一般，能將世事看得既遠又廣。與東方相對應的黃色宛如晨星般的明亮。

榮格派的心理學家發現，黃色象徵從片斷的事實及印象中，掌握其中含義的能力。他們將此能力稱為直覺——四大心理功能之一。榮格指出，一系列瑰麗的曼陀羅創作者「X小姐」，即是運用黃色作為直覺的象徵。傑考比也在她的曼陀羅作品中發現：

黃色象徵太陽；而太陽將光從深不可測的黑暗中引出，隨即又消失於黑暗中，因此黃色也就是直覺。雖然，直覺僅是驟然的啓蒙，但卻足以領悟出事物的起源及趨勢……

黃色隱含積極、豐盛及結果之意；它令人自然而然地與男性互作聯想。曼陀羅內的黃色往往被視為是父親的象徵。而對於女性而言，黃色則可能是本身內在之男性性格的象徵。但不管對男性或女性而言，黃色均與自治權的培養息息相關。若你的曼陀羅作品出現了黃色，則意謂你的人生將展開新頁。

陸斯契強調，黃色是「滿懷希望、輕快的色彩」。他認為，偏好黃色的人表達出「期盼活得更開心的意念」。他也發現，黃色暗示有從衝突解脫而出的必要。喜好黃色的人往往會寄望未來，想要追求現代的、發展中的及未成形的事物。

凱洛格發現，當黃色成為曼陀羅的主色或黃色的色調過於明亮時，那麼它就成為自負、得意的心情指標。依她的經驗顯示，這般心靈膨脹的狀態，也可能是將陰鬱、黑暗或正好相反的情緒隱藏起來。她指出，曼陀羅內黃色的比重過多，可能道出了心靈的偏光面及黑暗面。舉例而言，此人的內心可能面臨興奮及沮喪交替的矛盾情緒。

凱洛格在分析她的藝術治療患者的曼陀羅作品時，發現下列特徵：

男性或女性曼陀羅作品若出現純粹、匀稱的黃色，則多半反映了善良的心，為人謹慎、機警敏捷。此外，也象徵與慈父之間的關係良好。

暗黃則可能象徵對父親存有負面的依戀之情；也有可能是在威權的困境下度日、面臨截止期限的難題或與男性的關係受挫。

你的曼陀羅作品若出現了黃色，那麼你可能感到活力四射、精力充沛且具有明確的本質我意識。此外，也意謂著你能夠看清事物、設定實際的目標並加以實現。黃色可以顯示出，你已準備好學習新事物；有活力、有決心，勇於面對世界，追求嶄新的目標。另一方面，黃色出現在你的曼陀羅作品，也暗示著你是為了改變而尋求改變；你也許正需要冷靜及深思熟慮一番，平衡你目前的心緒；或是需要一些親密的朋友，幫助你保持精神的暢快。

你也許會發現，曼陀羅內的黃色象徵賜予你的珍貴黃金。黃金意謂財富，而在此則指精神上的財富。你的潛意識有時候會以黃金的影像提醒你：你的內心其實深具完整人格——也就是統合本質我原型的潛力。

綠色

綠色是自然之色，充滿了成長的意味，也具有清新的芳香。它總讓我們想起自然界不斷的循環、更新；以及每到春季，萬物死而復生、蓬勃、有生氣且充滿了潛力。綠色象徵自然的法則、健康的成長及滋養生長中事物的能力。

美國土著的藥輪以綠色象徵南方。南方特徵包括：接近自然的赤子之心、信任他人及善解人意。與南方相關的暗喻，即是對於趨身靠近的事物別具敏銳力。南方方位所具備的智慧是，能以自然、他人可以接受的方式珍惜所愛。

綠色讓人聯想起自然、具體的實物，這說明了綠色往往象徵著感覺的功能。據史考比所言：「綠色是俗世、有形的，它直接令人聯想到植物，並且是人類感覺功能的象徵。」榮格也發現，在他的患者的藝術作品中仍是以綠色來象徵感覺。

聖女海德加爾極重視綠色。她認為，綠色是讓人類維持潤澤之能源的象徵。綠色表達出上帝在紅塵俗世中與人類同在。海德加爾對於神的概念泛指男性及女性。她選擇綠色作為神的象徵，就好比凱洛格認為綠色象徵融洽的父母原型一般。凱洛格寫道：

就神話上而言，「綠色」是母親（藍色）及父親（黃色），兩相結合所致……綠色可顯出滋養、照顧的能力——兼指照顧自己及他人。綠色可以象徵某人趨於成熟，已注入了母親及父親的意識，開始當自己的父母。

什洛特指出，歐洲的彩色騎士神話象徵了人類成長的特定階段。舉例而言，在英語故事〈高文爵士及綠色騎士〉（*Sir Gawain And The Green Knight*）中，綠色騎士即代表發展過程中的早期階段。據什洛特所言：「綠色騎士是預備騎士、騎士的隨從以及立誓成為騎士的見習生。」換言之，他是已邁向開悟之路的研究生。

綠色是維納斯女神所浮現的水。綠色也與這位女神及所有一切美的事物息息相關。維納斯掌管金牛座及天秤座出生的人，影響他們具有「愛美、個性敦厚和藹……具備自信心等特質。綠色除了上述的美德之外，負面的影響則包括：愛慕虛榮、優柔寡斷、易動怒、遇逆境時不夠堅強。」

綠色是水怪、木頭美人及小仙女等以土地為中心的古老宗教中仍續存的生物顏色。這些生物象徵一股愛嬉鬧、任性善變的力量，且往往與威權對立。在這股力量引導下之無拘無束、隨心所欲的人，往往被視為是如羅賓漢及其綠林同伴般的狂野之徒。這些綠林人物儘管與當今的立法者形象不符，但卻可作為與自然法則相調和的更高權威者。

對絕大多數人而言，綠色是怡人的顏色。歌德表示，綠色所產生的和諧感與綠色在黑與白對比色的交集中出現的理論，相互一致。據歌德所言，藍色及黃色分別是將黑色淺化及將白色加暗、加深所致。因此，綠色就是黑色的衍生色（藍色）及白色暗化（黃色）後相混合的產物。

綠色偶爾會是消極、負面的象徵。君不見，蛇的毒液是呈綠色；神話中暗綠色的森林危險重重；植物腐壞後，就會愈來愈變得暗綠；人體亦然，一旦歷經自然的死亡及腐爛的過程，也是呈現綠色。

從事輔助性工作之專業人員的曼陀羅作品中，常常可以發現綠色。凱洛格認為，曼陀羅作品中的綠色反映出「養育——為人父母及保護、防衛的能力」，它也隱含「照顧、呵護、占有或保護他人。」

曼陀羅作品中所呈現的綠色明暗度，具有特殊的意義。凱洛格發現：

> 暗綠色係指養育者令人倍感威脅的層面，也讓人憶起「女巫居住的黑森林」。就精神分析的用語而言，暗綠色意謂了你我均信任的公共領域中存有可怕、駭人的部分……中間偏淡色調的顏色則道出了以正面、調和的方式，將心靈內積極、善感的力量，與成長及生產力互相融合。深黃綠色——綠色加上加重比例的黃色，則是反映出專制、嚴酷的超我及先前的發展階段，已有衝突的存在。

綠色最好被視為是母神（Mother Nature）本身的象徵。此一神話中的人物之所以如史跡般留存至今，即是因為生命的奇蹟本就是備受尊崇。當你看見自己的曼陀羅作品中的綠色時，可能會令你聯想起生命所具備之創造、治療及自行更新的力量。一旦你認識該力量後，也許你也可以看見神了！

橙色

橙色是中秋月、南瓜、秋天樹葉的顏色。歌德寫道：「橙色給人的印象是溫暖及歡喜，因它象徵火焰的熾紅以及落日的光輝。橙色意謂從原始資源取得的能量。我們若視紅色為原始能量，那麼橙色就是由象徵洞察力、領悟力或思想之黃色調和下的能量了！橙色宛如在正統界限之內的火焰——就像是在冬天的夜晚，一群人為了聽故事而圍繞於外的火堆一般。

橙色不是西方社會傳統中禮拜儀式的顏色。儘管如此，就心靈面而言，它卻具有重要的象徵意義。橙色一直與經由不幸、災難、拒絕及疏離同伴等經歷，來加深心靈的悟性，息息相關。有時候，橙色又象徵無賴、流浪漢。什洛特發現，橙色在煉金術中象徵下述意義：

兩位著橙色的男子與女子背靠著天藍色田地的背景，這意謂了他們必不可對此世界寄予任何希望。因為橙色代表絕望，而藍色的背景則是對天堂、極樂世界心存希望之象。

在印度，死囚犯在行刑前一度曾穿著橙色的衣服。苦行的乞丐也是以橙色的衣著，顯示他們隸屬於一般的社會階層之外。釋加牟尼佛身穿橙色的袍子，象徵他放棄帝王般享樂的權貴生活。今日，無數尋求悟道者勵行儉僕，也是以他為典範，身著橘衣。

換另一個角度來看，我們也許會視橙色為投注於父親（黃色）關係的能量（紅色）。傳統上，教導孩子在社會上發展、成材，是父親的職責。一旦你聽到腦中有一股熟悉的聲音向你訴說：「把事情辦妥」、「善用你的大腦」或「團隊合作，齊心完成任務」時，那麼「父親」的觀念就成為你的了！屆時，橙色就必然與本質我肯定、尊嚴及野心息息相關！曼陀羅作品內的橙色，往往意謂著擔心本身的力量或根本是欠缺力量。

你的曼陀羅作品中的橙色，可能暗示努力的奮鬥、強烈的認同感及健康的自信心。另一方面，也可能象徵任意弄權、對威權心存敵意或缺乏自律的修養。凱洛格觀察曼陀羅的色彩時，發現下列特徵：

曼陀羅內橙色的比例過重，反映出內心對於男性及自我的競爭充滿矛盾。女性的曼陀羅作品若出現橙色，則多半顯示她對男性所抱持的態度；它往往意謂著依戀父親或反映出自恃甚高、野心勃勃等心。

橙色往往是我所籌辦之藝術治療研討會的成員最不偏愛的顏色。我鮮少看見曼陀羅作品中出現橙色。橙色不斷遭到排拒的事實，令我備感好奇，進而推測出一些可能的原因。絕大多數人之所以不喜歡橙色，可能是因為橙色偶爾是權力的象徵，而令我們感到不自在。

橙色不討喜的另一原因是，它讓許多人聯想到能量的遞減。色彩的市調受訪員，多數將橙色與秋天互作聯想。據歌德所言，橙色也是一般人所認定象徵夕陽的顏色。由於我們的文化強調新奇、年輕，因此我們往往難以目睹美的循環走近尾聲，或許這也正是為什麼橙色比較鮮見的原因吧！

紫色／紫羅蘭色

紫色是君王、暗紫紅的海洋及雪中的紫羅蘭之色。由於紫色一度是既稀且貴的色調，自然而然就成為財富及權貴者的代名詞了！矛盾的是，人們卻能夠無須付出任何代價就可以欣賞大自然中所綻放的紫色花朵，如：紫羅蘭、番紅花及鳶尾花。這些美麗、可愛的紫色花朵正是生命的象徵，它們無拘無束地隨處綻放，生氣盎然極了！

紫色是藍色及紅色的混合色，雖然它有別於藍色及紫色，卻仍保留了這兩色的原味。紫色結合了紅色的能量及藍色的靜謐。陸斯契認為紫色象徵認同。

此一認同是一種神祕、精神象徵的結合；是一種高度靈敏的親密接觸，導致主體與客體之間完全的融合。就某方面而言，這稱得上是魅力、成真的美夢、願望實現的神奇狀態。換言之，偏愛紫羅蘭色（紫色）的人，總想要達到一種「神奇」的關係。他們不僅想要令自己歡喜，同時也想要取悅他人，並施展某一程度的魅力。紫羅蘭色可意謂認同親密的、性愛的融合；或可導致本能及感知的悟性。

紫色尤其與王權息息相關。「著紫服出生」就是用來形容生於帝王之家。基督教會一直採用紫色作為威權的象徵。此外，主教也是穿紫服。

我們若能聯想到藍色也是神聖的象徵，就更易於了解為何以紫色作為聖靈的象徵了！因此，紫色便成為注入靈性（藍色）的能量（紅色）。這也暗喻了犧牲、奉獻及在服侍聖靈的過程中，昇華及淨化個人的精力。根據此思考邏輯，我們可以了解紫色為何會被選為力行儉約之四旬齋的顏色了！

基督教會內的高階人士身穿紫色服，使該色兼具神聖及瀆神的意義。紫色不僅意謂了個人對聖靈的奉獻，同時也表達了藉著「神權」來支配、統御他人之掌權者所產生的權威感。關於此，歌德曾語帶嘲諷的認為，主教穿的那一身紫其實是「不止息的渴望變為樞機主教（與深紅的英文同字）」。歌德歸納出紫色具有不安、力爭的特質。

西元前——也就是基督之前的時代，栽種葡萄及製酒是希臘神戴奧尼塞斯（Dionysms）的職責。祂總是身著紫色袍子，手握滿滿一杯的酒。戴奧尼塞斯是慷慨、宴樂及縱情狂喜的神。身為水果養植守護神的祂，與植物年年的死而復生密切相關。希臘人也將祂視為人類生命死而復生的象徵。

戴奧尼塞斯的信徒參加春季的狂歡慶典，盡情恣意地飲酒，最後終因狂飲無度而遭當局廢止此儀典。羅勃．強森曾寫道，廢除祭祀戴奧尼塞斯的儀式，暗指壓抑西方人心靈的感情機能。若紫色出現於你的曼陀羅內，則可能是表達了感情機能已顯露而出。

神聖莊嚴的飲酒也是基督教傳統重要的一環。酒使人喝醉的威力，就某方面而言意謂了聖靈的信仰。製酒本身的過程就是對變動強而有力的隱喻；而將葡萄擠壓做成製酒的材料，則是紀念耶穌基督的寶血、死亡及復活。

紫色也象徵個人成長的過程，它可能意謂致力在嶄新的生命階段解放自己的不安動力。凱洛格表示，紫色道出在自我出現之前，心理上與母親結合的感受。紫色中的紅色一旦出現之際，則意謂了心理上與母親分開。「紅色澄清、淨化之後就呈現紫色，這可以視為在進行個人目標時解放能量的象徵。」

舉例而言，當暫緩獨立或探求心靈深處作為靈感的來源時，則紫色可能會重新出現於曼陀羅內。如此一來，可能會招致更真實、更攸關個人的靈性。但另一方面，這也可能透露出此人更需要情緒上的扶持。

曼陀羅內的紫色意謂著有利於創作、活潑的想像力。喜好紫色的人，似乎具備鼓動興奮激情或吸引注意力的能力。此一能力可使某人在家庭或團體之內，贏得一席之地。凱洛格曾指出偏好紫色所隱含負面的含意；如：「專注的程度及對人所持的看法，已超出或高於人性。」她發現，對某些人而言，紫色象徵迫害的情結及偏執狂。

許多諺語也強調紫色的與眾不同，例如：閱讀紫色的（意指辭句美麗的）散文。若你的曼陀羅作品內紫色的比重不大，則它將使你的作品充滿生氣、討喜，甚至可能使你更專注於創作。然而，若是紫色的比重過度而令人眼花撩亂，那麼就可能透露出你是一個自私、霸道或不切實際的人。不論是以上哪一種情況，有一點可以肯定的是：紫色絕非平凡的俗色。

淡紫色

淡紫色雖色淡，但卻不黯淡。該色的英文名稱源自於植物中的薰衣草。而薰衣草從羅馬帝國時代，甚或更早之前開始，就以芳香的氣味受到青睞。因此，淡紫色一直讓人聯想起貞淑、勤勉或感謝。弔詭的是，它也與不信任及預警密切相連。在占星學上，淡紫色與水星相對應。水星對人的影響力包括：絕佳的記憶力、性向偏向科學及藝術。在奧林巴斯神中的使神麥丘里（與水星同音）專司神經系統，因為「神經正是生物學上的傳訊者」。水星與淡紫色相連，或多或少意謂了淡紫色也與神經系統的機能息息相關。

將白色（靈性）加入紫色（王權）之內，就可以產生淡紫色。因此，我們可將淡紫色視為極度超凡入聖狀態中的能量象徵。淡紫色也可以由淡藍色（積極健康的母親）及粉紅色（人性）調製而成。這表示淡紫色蘊含著西班牙修女聖泰瑞莎（Saint Teresa）所描述之動人心弦的喜悅狀態。

曼陀羅內的淡紫色可能透露出某人具有神祕信仰的傾向，也可能預知一種心靈的覺醒，而導致心靈的再生。淡紫色象徵的一些相關經驗存在陷阱。由於淡紫色所含的紅色太少，因此它傳達了與軀體之間的分離感——當曼陀羅內淡紫色所占的比重相當多時，這一點特別明顯。凱洛格發現，若使用淡紫色過度，則意謂了偏好幻想及逃避現實。

在曼陀羅內選用淡紫色可能暗指導致缺氧的身體病狀。凱洛格發現，這種現象會發生在呼吸疾病患者的身上。據她所言，病入膏肓者的曼陀羅作品內，偶爾也會出現淡紫色。此外，此色也象徵對喪失氧氣之生產經驗所存的記憶。然而，她強調，淡紫色具備下述形而上的特性：

倘若在曼陀羅的作品內發現淡紫色，多少可以肯定，我們現在正與一位極為神祕的人物交會，採用淡紫色即象徵了我們正歷經積極、正面的心靈發展過程。

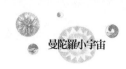

粉紅色

粉紅色是人性、肉慾之色。它是白色及紅色的混合色。白色（靈性）加上紅色（能量），意謂著有如健康嬰兒般的純真與無邪。德弗瑞（De Vries）認為，傳統以來粉紅色一直象徵性感、感情及青春。視粉紅色為肉慾之色的諾斯替教徒（Gnostics），運用它作為復活的象徵（註：諾斯替派自稱具有靈界的直覺知識）。

粉紅色與體膚息息相關。曼陀羅內的粉紅色往往透露出血肉之軀之生命的喜悅與苦痛。凱洛格寫道：「人類認定……粉紅色及肌膚都具有柔嫩、敏感的張力，肌肉及組織相連接的特質、相互調和，且最能反應情緒上的壓力。」她認為，曼陀羅內粉紅色的比重過高，「可能是承認弱點、害怕遭遺棄及需要被照顧。」會選擇粉紅色的人，可能正處於因疾病或壓力所致的身體症狀——然而此人卻未察覺該病症。舉例而言，經期中的婦女經常運用粉紅色。

女性似乎深受生理狀態所左右，且往往知悉自己身體的狀態。她們在月事期間可能會採用粉紅色。

你的曼陀羅作品內容出現粉紅色，則你可能需要留意你的健康。

粉紅色是女性的顏色。女嬰通常穿粉紅色的衣服。長久以來，粉紅色一直被認為是僅適合年輕女性的顏色。然而，晚近此一慣例已受到了質疑；愈來愈多的美國男性選擇穿粉紅色的襯衫、毛衣及搭配粉紅色的領帶。也許這道出了現代男性融合了女性的特質。粉紅色不論出現在男性或女性的曼陀羅作品中，均可能意指年輕女性的特質——對於女性而言，是指內心的童稚；而對於男性而言，則是代表內在的女性特質。

粉紅色也可視為是紅色及白色所象徵的對立衝突的解決之道。在許多文化中，紅色與白色象徵二元對立。試舉煉金術為例。在煉金術的象徵色彩中，紅色代表積極的男性氣概；白色則隱含被動的女性特質。兩性結婚就是讓對立的雙方超然存在的一種表現，而紅與白混合產生粉紅色正是兩性完婚的象徵。

榮格在分析「X小姐」的曼陀羅作品時發現，對X小姐而言，粉紅色代表感情的功能。你的曼陀羅作品中若出現粉紅色，那麼它的正面意義可能是與你的感情生活有關，或你對人的處境持接受的態度，或表示你正享受肉體、感官之樂；而它的負面意義，則是指對身體心存成見、急切渴求你內在的孩童性格，或是指你的身體欠安。你的曼陀羅作品內的粉紅色，將可以引導你發掘自己嶄新的一面，讓你知悉自己何處需要保護。

桃色

桃色是芒果及桃子的顏色；它讓人想起口咬成熟水果的感官之樂——口中盡是甜味洋溢，當口角的汁液滴出，你得飛快拿一張紙巾擦拭。桃色是些許黃色（知覺、意識）與粉紅色（軀體）的混合色。桃色一如粉紅色也蘊含淫蕩、好色之意。然而，它並非是如嬰兒般純真的色念，而是成年人的性慾。

桃子的起源地在中國；它是道教徒眼中神祕的性之象徵。桃子象徵創造生命的女性活力。具體而言，它象徵了女性的生殖力。據說，聖境花園內的桃子是製造上帝的長生不死藥的重要成分。對於中國人而言，桃子也是長壽的象徵。

在歐洲，桃子還是女性陰道口、女性特質及婚姻的象徵。桃色也是聖母馬利亞的象徵。在占星學上，桃色與維納斯密切相關。據說，它是用來反制火星的消極面。顯而易見的，桃色是女性的顏色；它被視為是喜樂花園的化身。

你的曼陀羅作品內若出現桃色，就表示你正準備沈浸於一段豐富、有意義的性關係。桃色所蘊含的正面意義，為吾家有女初長成、性的成熟度或內心滋生出生殖的潛力。而負面的意義則是不自主地縱情性事，或對性事本身及性事在生命中的地位，持過度浪漫的態度。根據我的經驗，曼陀羅內的桃色，往往意謂了女性的能量從沈潛的心靈深處萌生，一旦隨意散發出這股女性的能量，對方將如沐浴在神聖女神的芬芳中。

紫紅色

紫紅色（Magenta）這一字的由來，是因為從晚櫻科植物發現紫紅色染料的那一年——一八五九年，恰好在義大利北方靠近馬占塔（Magenta）之地，也正在進行一場戰爭。紫紅色堪稱新奇的顏色，它表示出活力、興奮及不安的情緒。有趣的是，就在馬古塔戰爭進行的同一年，女性運動也同時展開。

紫紅色可視為是紅色（能量）加上藍色（陰性），因此，我們可將紫紅色解讀為傳統女性將能量解放出來的主張，或視為女性能量的一種形成。我經常在自主自律、認同本身職業或拓展世界觀的女性所創作的曼陀羅作品中，看到紫紅色，這些女性兼具行動力及真正的女性特質。

茱蒂．史加哥（Judy Chicago）在晚宴作品的擺設中，選擇紫紅色為時母女神盤子的顏色，似乎頗具意義。史加哥組合的手法傑出，她以晚宴作為女性的象徵，表達出女性天賦的權利及特質。瓷器、手工製亞麻製品及耀眼的服飾所安放的位置極佳，這是為了讚譽未被歷史學家認可或受忽視的傑出女性，但絕大多數的配置、陳列均在讚譽獨特的個體。然而，時母盤子這一陳設物則旨在表彰女性的原始能量來源。時母女神是自然力的旋風，她具有狂放不羈、創造及摧毀的力量。

紫紅色若出現在你的曼陀羅作品內，極可能透露出你打算去參加研習的課程、進行發揮創意的企畫案或是發表個人意見。紫紅色正面的意義包括：激勵、專注及活潑。曼陀羅內若出現紫紅色，則它所象徵耗費能量度日的陷阱，往往與足以導致自負的親密關係出現匱乏有關。紫紅色的負面意義包括：性急暴躁、自私、任性或因過度情緒化而精神不集中。我發現曼陀羅內若出現紫紅色，多半象徵此人以獨立個體的姿態進入社會，而宣布該是致力追求生產力的時候了！

棕色

棕色令人想起肥沃的土壤或已完成收割、已準備栽種作物的田地，也許是因為空著的田地暗指景物曾經存在，但如今卻已消失，因此對某些人而言，棕色代表復活、悲嘆及懺悔。德弗瑞指出，某位「胡桃褐色肌膚的少女」經常是民謠所吟唱的人物，離棄她的情人曾經測試她，發覺她的情意堅定。棕色一如這位少女，也意謂了真實可信。

棕色可由一些顏色混合而成。它可以是象徵慾力的紅色與象徵控制的綠色之混合色。若是此例，則棕色表達了深陷於想要去的衝動及不能去的限制之間。棕色也可能是橙色（力求自治自律）及藍色（女性）的混合色，而此一組合則暗示與母親之間的關係不和諧。

陸斯契視棕色為暗紅色。對他而言，紅色的活力受到抑制，代表了被動的感受力，一如身體感官的感受力般。榮格也指出，在他的患者X小姐的曼陀羅中，棕色象徵感覺功能。儘管陸斯契所指棕色的相關意義不與榮格解讀的意義相悖，但前者的觀點似乎較為明確。

陸斯契認為，棕色道出情緒上需要安全感或身體上感到不適。他發現，針對二次世界大戰的難民所進行的色彩偏好測試中，總將棕色擺在前幾位。他根據此發現，歸納一項結論：棕色象徵看重人生的「根基」，如：健康、家庭、志氣相投的同伴、社交及家居生活的安全感。陸斯契指出，偏好棕色者意謂了需要：

> **從情緒不安的現況解脫出來，這種狀況可能是缺乏安全感或身體上的病痛；也有可能是內心的矛盾、衝突或面臨個人無法解決的難題。**

我們不能忽略棕色也是排泄物的顏色。糞便是廢棄物，因此這一點或多或少也對棕色的象徵意義造成影響。舉例而言，凱洛格發現，曼陀羅內出現棕色——尤其是在中央位置往往意謂了「此人極度不看重自己、感覺自己一無是處且齷齪。」儘管如此，大家莫忘了糞便是含量豐富的肥料，而且往往也是煉金師用來煉製黃金的主要成分來源。此一為你我所排拒的物質，也許能導致對我們最有價值的結果。

棕色及紅色混合所形成的深褐紅色，頗類似血液乾涸之色。凱洛格已發現曼陀羅內的紅褐色，象徵某些特別的意義。她指出，紅褐色透露出對性的認同感。男性的曼陀羅作品若出現紅褐色，則表示他對下述感興趣：

某些禁忌，例如：亂倫的欲念。若女性的曼陀羅出現紅褐色時，則她可能因身為女性而萌生一無是處的疑惑、對身體存有成見或婦科嚴重失調。

若你的曼陀羅內出現紅褐色，那麼或許是你的潛意識向你發出訊息，要你重新檢視舊創，以便讓傷口復元。

由於棕色是休耕地的顏色，因此，它所搭配之藝術作品最好以秋天為主題。在一年之秋、重要的人生同期之尾聲或接近治療過程之所創作的曼陀羅內，多半會涵蓋棕色。當你的曼陀羅內出現棕色，你也許會想要將棕色的正面意義列入考慮，例如：世俗化、富生產力及新契機。由於棕色是與其他顏色的混合物，因此「它可以指埋藏起來或無法施展的能量」。那麼，有必要探究棕色是否透露出沒來由地看輕自己、使不上力或需要更多安全感的訊息。

青綠色

青綠色（Turquoise）之名源自於一種稱為綠松石的寶石。幾世紀以來，綠松石一直是有助於治療，它與具有綠松石之女頭銜的埃及女神愛西斯（Isis）息息相關。伊朗人相信，綠松石可以擋住凶煞，促進身體健康。歐洲人相信，綠松石是騎士極佳的護身符，將它隨身攜帶可以保護騎士不落馬，或即使從馬上墜下也能保佑只受輕傷。

美國西南方的土著以綠松石作為個人的裝飾、供奉大神的獻禮，偶爾也將其輾碎用來繪製沙畫。墨西哥裔的美國家庭，往往將門窗漆成青綠色；在美國帶有非洲色彩的地區也沿用相同的習俗。因為這些文化認為，青綠色可以阻止不速之客的鬼怪進入。

凱洛格根據美國土著敘述綠松石之女的傳說，藉以詮釋青綠色在曼陀羅內的意義：某位失去摯愛親人的女性被任派「綠松石之女」（Turquoise Lady）這一名譽職位。她失去了全部的家人，包括兒子、女兒及丈夫，需要藉由這一新職務的一些活動來幫助她度過創痛。

這位喪親的婦女，受命擔任「綠松石之女」的任期為兩年。她的職責在確保訪客到訪時，遵守既定的禮節；而在部落集會時，則是確保權達人士坐在適當的位置，以示對所有人士的尊重。這位女子經由執行此職務，轉移了切身的創傷。「綠松石之女」的角色奠立了這位婦女在部落的地位，由於她工作忙碌，所以日子比較好過，時間治癒了她的傷痛。兩年之後，她交出綠松石之女職務的棒子，重新展開嶄新的人生。

就曼陀羅的研究而言，運用青綠色就像是擔任「綠松石之女」的職位一般。當你的人生有必要進行治療時，則青綠色往往會在你的曼陀羅中出現。為了不讓自己反覆地受過去的夢魘所苦，你必須遠離令你痛苦的事件，將足以危及自我面對外在環境的失落之痛壓抑下來，而開始擺脫過去的種種不堪。你的曼陀羅內若出現青綠色，則可能意謂你的心靈逐漸控制了苦痛的記憶。

青綠色是淡藍色（正面的母親）及綠色（養育、控制）的混合色。我們可以視青綠色為一項由傳統的母親角色，轉而朝向多多關照自己的主張。若你選擇青綠色為曼陀羅的色彩之一，則可能暗示了你的心靈具有不為你所知或自行癒合傷痛的能力。青綠色所象徵的負面意義是抑制情緒，害怕面對青綠色可能引發更深一層的潛意識心象。

灰色

灰色是中性色。在大自然中，灰色與岩石、灰燼及霧藹息息相關。灰色是四月齋之色。傳統上與贖罪深具關連——聖經上記載，贖罪需穿粗麻布及撒灰。什洛特發現，灰燼及灰色的關連，也象徵了沮喪、惰性及冷淡。老年人的灰色頭髮，令灰色成為智慧、反省及相對性的象徵。

灰色是黑與白的混合色，因此它是在對立之間取得了平衡、調和。由於顏色必定與情緒相關，因此不屬於光譜之色的灰色意謂了喪失感情。在心理學上，喪失感情、情緒被視為是憂鬱症的症狀之一。然而，從年齡及經歷的觀點而言，灰色所具備的中立特性，也許是鎮定、不受瞬息的情緒所波動的反映。

凱洛格發現，吸食海洛因成癮的人，會導致體內正面及負面的一切感覺不靈敏，因此灰色經常出現在他們的曼陀羅作品內。她推測：「這些吸毒者染上毒癮，或多或少是為了麻痺因對人生絕望及憂鬱所產生的罪惡感。」沒有毒癮的人可能歷經類似精神上的罪惡感。

凱洛格指出，諸如此類的罪惡感根源，甚至得追溯至在母體子宮內的生存掙扎。此外，「準備承擔為人母所必須承受之極大痛苦的人」，也可能產生類似的罪惡感。

我在研究曼陀羅的過程中發現，灰色有時候代表岩石。岩石曾被居爾特族、美國土著及大和民族，奉稱為聖物達數千年之久。石頭與曼陀羅本身的象徵關係密切，都會被無數的文化傳統界定為聖地。或許你的曼陀羅內的灰色就是要禮讚你自己的聖地吧！

若你的曼陀羅內出現灰色，也許該問自己：「是否對於人的存在此一似是而非的問題，有了一些領悟？」你隱約看見完整、圓滿存在的可能性？或對於一些惱人的道德問題找到了充分的中庸之道？你也許該想想：是否你或多或少截斷自己的感情、情緒？對自己產生不當的罪惡感？歷經人生這一朝聖之旅中理所當然的沮喪、消沈呢？

以上這些關於色彩的象徵意義，旨在協助你了解你的曼陀羅作品中的顏色。這些內容均是我個人所編纂，僅只是反映我個人有限的觀點，請各位以本章為藍本，建立一套自己對色彩的研究心得。關於曼陀羅的顏色這一主題，請勿視本章內容為定論。

色彩之間交互的影響，是探討分析曼陀羅時必須考慮的另一主題。色彩之間可以和諧的共舞，也可以搭配得很不協調。傳統上賦予某些色彩組合特定的意義，但心理學家也提供另一種方式來了解色彩組合的重要意義。在接下來的一章中，我們將檢視顏色之間的關係，以及它們將在我們的曼陀羅中告訴我們什麼訊息。

4.
曼陀羅小宇宙

色彩互動展現能量

色彩之間好比人與人之間一般，彼此也具有關係。某些顏色的組合可以產生和諧的印象；它們透過曼陀羅傳達出調和、寧靜或治療的訊息，然而也有一些顏色的組合很不調和；顯示出衝突、活力或失調。認識色彩如何互動，可以協助你了解它們在你的曼陀羅中所傳達的訊息。

某些色彩的關係是根據在自然界中所見而形成的。舉例而言，彩虹總是顯現出一成不變的色彩模式，依序分別是：紅、橙、黃、綠、藍、靛、紫。被許多的傳統所頌讚是上帝賜福象徵的彩虹，營造出一種充滿興奮、期待及喜悅的感覺。彩虹的色彩雖明亮，但卻提醒我們一場暴風雨正在向我們逼近。

四季的變化產生了另一組的色系。春季的淺粉紅色、淡紫色及黃色，再邁入夏季的綠意盎然及金碧輝煌。秋季包括暗色、土色的獨特色調，接下來的冬季則是深灰、黑色及白色兩極化的色彩。四季之色全部合起來，就足以象徵一整年的生長週期；它們也可以用來比喻人生的時期。

古人的活動如：製陶、煉金術及製酒也形成一些關於顏色的經驗法則。陶瓷硬化、金屬加熱、釀酒至成熟階段時，顏色就會改變。加工過程所顯示的顏色，就成為變化出現時重要的指標。舉例而言，陶藝家很清楚，必須得等到陶器形成明亮的紅色才可以加熱，如此一來方可以確保陶器冷卻後，能夠達到理想的強度及共鳴度。煉金師、工匠及巧藝者也是以顏色作為作品創作重要的指標。

藝術家必能體會，混合色決定了某些顏色之間的關係。例如：等量混合紅色及黃色即會形成橙色。橙色本身雖是一種顏色，但它同時也兼具紅色及黃色的特性。這三角——橙色、紅色及黃色均意謂了溫暖、能量及活力。

藝術家及工匠將諸如顏色輪這般傳統的色系，傳襲給我們（圖版二）。靠近大自然生活的民族，將周遭所見的自然色彩融入哲學、道德及行為中。身為現代人的你我，其實與古代的藝術家、工匠及哲學家並無二致，也會對相同的自然色彩模式回應、唱和。你若想要了解顏色在曼陀羅內所扮演的角色，這些傳統的色系將頗為受用。因此，我們將在本章中探討一些我認為有用的方式，藉以了解色彩之間的關係。

首先我們要檢視藝術家建立基本色及等和色關係的顏色輪，並探究季節色如何與曼陀羅產生關連。然後，再簡要地敘述美國土著的藥輪。接下來將會介紹與拙火瑜伽（Kundalini Yoga）相關的顏色，協助你了解自己的曼陀羅。此外，我會描述沿襲自歐洲傳統的歌德色彩體系，以及煉金術的顏色象徵，最後將敘述凱洛格對於曼陀羅內重要色彩組合的心得。

或許在分析曼陀羅時，這些色系對各位受用的程度，一如它們對我一樣。毋庸置疑地，其中仍有疏漏之處，你也許偏好其他更適合你的曼陀羅方式。在此所述的顏色系統僅是提供一些建議，讓你了解曼陀羅內的色彩關係，並非解讀顏色的唯一方式。

歐洲藝術家所發明的顏色輪，是用來使作品的色彩趨於調和的輔助工具。顏色輪的顏色呈圓形排列，包括：紅色、藍色、黃色、綠色、橙色及紫色，此一顏色輪的圓可細分為兩個三角形。沿著圓周所產生其中一個三角形之三點的顏色，分別是紅色、藍色及黃色。我們可以將這三種色依各種不同的量混合，以形成顏色輪上的另外三色。由於紅、藍及黃色是藝術家所運用之顏色的基礎，因此又稱為基本色。

兩種基本色等量混合的顏色，稱為次色或等和色。舉例而言，紫色是紅色及藍色混合後的產物，橙色是紅色及黃色混合而成；而綠色則是藍色及黃色的混合色。顏色輪上的等和色是置於所混合之基本色的中間，而位於顏色輪圓周上的等和色，則是用三條線連接為顏色輪上第二個三角形。

曼陀羅內的基本色似乎反映人類基本的內驅力。紅色表達有機體生存所需的慾力或生命力。藍色似乎與締結關係及養育、照顧的能力息息相關。黃色透露意識的容納力。若這些顏色出現在一系列的曼陀羅作品內，往往意指這些基本的人性動力起了作用。

人們看見曼陀羅內的等和色時，通常會將形成該色的基本色及等和色本身的象徵意義列入考慮。換言之，出現紫色就得分別考慮紅色、藍色及紫色本身。因此，解讀曼陀羅內等和色的意義時，需集結三種顏色——包括等和色本身及形成等和色的各基本色全部相關的意義。舉例而言，紫色這一等和色最終的意義應是紅色、藍色及紫色的綜合。且讓我們用上述的方式解讀曼陀羅內的紫色。我對紫色的聯想包括：王權、威權及巍峨的山頂。對我而言，紅色道出了「原始的能量、內驅力及憤怒」。藍色意謂「寧靜、公平及養育」。若我的曼陀羅內出現紫色，那麼它可能對我傳達這樣的訊息：「在我冷淡、權威的外表背後，燃燒了一股想要將親屬關係表達出來的原始能量。」另一種可能則是：「我之所以與眾不同，是我將憤怒的情緒深埋，扛起養育者的角色。」然而，另有一種可能為：「我是經過一番掙扎，與某位女性維繫長達一生艱難的關係，才獲得此貴族的身分。」至於何者為真，則得根據當事人所判斷最適合當時情境者而定。

顏色輪上位置相對立的兩色互稱為補色，若補色並排出現於藝術作品內，則會顯得活潑、鮮明，某些觀察者甚至認為這樣的搭配顯得起伏波動。印象派畫家善用這種視覺效果，使畫作看起來朝氣蓬勃，補色包括：紅色／綠色、黃色／紫色及藍色／橙色。

若補色並列於曼陀羅內，則可能意指對立的緊張關係。舉例而言，紅色（能量）與綠色（控制）互相對立：黃色（自律、自治）與紫色（與母親的連結關係）可能象徵獨立的意念，及仰賴父母兩性之間的矛盾、衝突，藍色（養育）緊鄰橙色（奮鬥），代表對親密關係的渴求及功成名就的野心之間的衝突。

顏色輪上的色彩關係，是了解曼陀羅內之色彩有利的準則。對我而言，參考構成等和色之基本色的象徵意義，尤其受用。顏色輪上相對位置的補色，就是向我們暗示該去了解我們所面臨的衝突。我們應當切記，某些衝突是人生中的一部分，就好比刺眼的顏色會賦予曼陀羅充滿喜悅的生命力一般。

我們所過的生活不像祖先那樣，與大自然之間形成唇齒相依的關係。雖然如此，我們對自然環境仍然有所知悉。儘管我們往往未察覺大自然對我們的影響力，但它的確左右了你我對顏色的看法。冬季期間無法享受自然光而引起的「季節性情感失調」（Seasonal Affective Disorder），足以證明我們對自然界頗為敏感。

四季各有它特定的顏色，四季的顏色依序流轉，有時候象徵了你我的心靈成長過程。計畫、關注的事項及人際關係，如四季的自然節奏般來來去去。以四季所象徵的顏色來分析你的曼陀羅中的色彩，會是了解自己為何選擇該顏色的另一種可行之道。

春季與鮮明、寒色的、輕淡柔和的顏色息息相關，例如：黃色、粉紅色及淡紫色。綠色，尤其是淡綠色是春季的顏色。紫羅蘭色（紫色）往往也被認為是春季的色彩。若這些顏色出現在你的曼陀羅內，可能意指你的人生展現新意，或正面臨一些棘手的問題以及充滿了潛力。

夏季的顏色包括：綠色、金黃色、橙色、紅色、桃色及天藍色。夏季的顏色具有濃烈、溫暖、活力四射的特性。這些夏季的顏色出現在你的曼陀羅內，那麼你可以考量它們是否象徵了某事已實現、不虞匱乏或時機已臻成熟。

絕大多數人均同意，秋天的顏色是棕色、橙色、金色及紅褐色，這些顏色喚起了收割期的情緒——農作物成熟時收穫的喜悅，以及種植時節的興奮之情消逝後的傷感。若你的曼陀羅內出現秋季的顏色，則意謂了你正取得個人成長期的報酬。此外，這些顏色也提醒你留意因所熟悉的生活方式不再、計畫完成或義務履行後所導致的哀愁。

冬天的顏色包括：黑色、白色及灰色，這些顏色象徵充滿涼意的冬天中灰暗的天空、漫漫的黑夜及皚皚的白雪。若黑色出現在你的曼陀羅內，則象徵你內心的成長週期正處於空檔。儘管塗上冬季色彩的曼陀羅顯得冷淡及流離，但也意謂了埋藏在冬雪下的春天腳步已經不遠了！

書寫文字不足以表達時空，因此顏色一直是描述時空有用的工具。大自然中自然形成的色彩模式，可作為形成民族心理學常見的架構。黃色、綠色、黑色及白色，經常用來作為北美土著藥輪的方位。或許古代的美國土著將東南西北四個方向與四季互相串連，讓四季顏色決定四個方向的顏色。

藥輪是用來作為人生、道德及在社會中所居地位的教化工具，它是一個標示四個方位的圓，一如羅盤上的方位基點一般。各方位均被指定一種顏色，如：北方是白色；東方是黃色；南方是綠色；西方是黑色，每一個方向均有其特有的特性。

美國士著的傳統將不同的世界觀歸屬於四個不同的方向。東方（黃色）是啟蒙的方位，就好比是春天、每日的黎明及精神抖擻的探求知識。南方（綠色）是信任及無邪的方位，它宛如是夏天、日正當中及一生中的生殖期。西方（黑色）是內省的方位，恰似秋天、午後及中午；它道出順其自然、不執著的必要性。北方（白色）是智慧的方位，它意謂了冬天的白雪、明月照明下漫漫的黑夜以及豐富的智慧寶藏。

根據藥輪的道理可知，每一個來到這世間的人，均具有其中至少一個方位的悟性。生存的挑戰，就是學習其他方位的道理且一一專精，以使智慧日益增長。史東（Hyemeyohsts Storm）指出：

任何一個人若僅只是參悟了這四大方位的其中之一，還是一個不完全的人。例如，僅具有北方天賦者會是有智慧的人，但此人可能頗為冷酷無情。僅以東方方位生存者，可能具有如鷹般明晰的遠見，但此人總是與事物有段距離，他會感到疏離、高高在上，無法了解也不相信自己會受到感動。只是從西方方位的角度待人處事者，會是猶豫不決、舉棋不定的人。而若僅具南方方位天賦的人，將會是目光如豆的人，他將是過度注重細節及過度的短視近利，凡事只看眼前。

一個人的修為若能四方位並重，將會是個人格完整、與自然調和的人。史東表示：

當每個人得知與生俱來的天分後——也就是位於藥輪上最初的位置，我們必須經由領悟四大方位的道理而成長。唯有如此，我們才可以成為完整的個體，為人處事才能符合中庸之道且具有決策力。

若你的曼陀羅出現白色、綠色或黃色時，你也許想要將藥輪各方位的道理謹記於心，這些顏色或許是更深入探究美國土著之四大方位的入門。

現在讓我們將焦點置於截然不同之色系上，以印度的民俗心理學為基礎。在印度，形而上的心靈思維與心理學的思想互相糾結，這是與西方大異其趣的學問。由於這些觀念十分悠久，甚至比史前時代更早，因此可能是以審慎的內省為基礎。有趣的是，現代心理學所陳述之人類需求制度的理論，竟也與印度傳統思想相去不遠。若要了解色彩在此一理論所扮演的角色，首先得簡短敘述這一套拙火（亢達里尼）瑜伽的系統。

拙火瑜伽主張，隱而不見的能量，在人體內的某些通道流通、循環。其中特別重要的能量流，則是從脊柱底部向上直抵頭頂。據說，沿著這股能量流有一些節狀的點，具有集中及轉換能量的功能，稱為能量中心或脈輪（Chakras），北美土著的藥輪：

北方：智慧、水牛、白色。
東方：啟蒙、老鷹、黃色。
南方：純真、老鼠、綠色。
西方：反省、熊、黑色。

每一脈輪均各有其相關的階段任務。達成任務後，拙火能量流會更順暢的向上流，迎接下一脈輪所面臨的挑戰。沿著脊柱到頭頂，以數英寸為相隔距離的能量中心（脈輪）共有七個。下方的能量中心與生存及基本需求，關係密切；上方的能量中心則與心靈的覺醒互有關連。必須等到下方的能量中心暢通後，上方的能量中心才可以完全開啟。

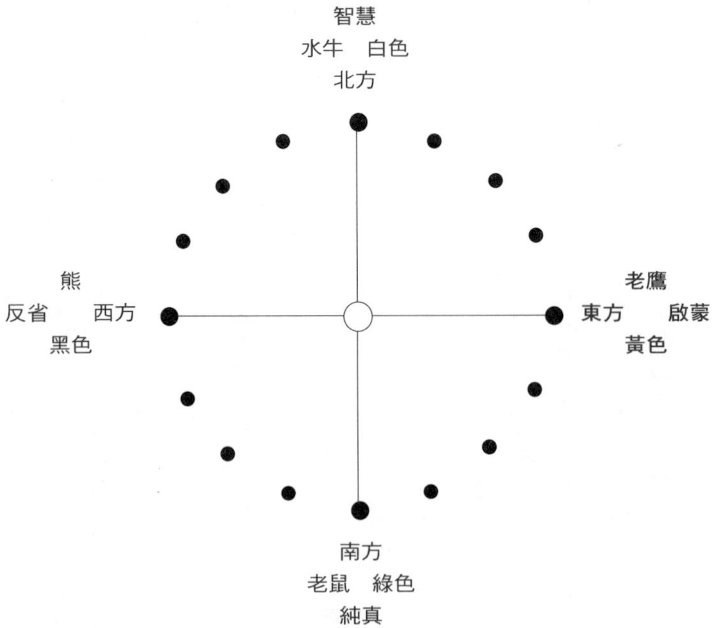

美國土著的藥輪

每一脈輪均設有相關的顏色，且依光譜的顏色順序依序排列，分別是：紅、橙、黃、綠、藍、靛、紫。位於脊柱底部的第一脈輪與象徵鮮血之色、曖昧激情的紅色有關。接下來，位於肚臍數英寸之下的第二脈輪（臍輪），是橙色——微曦或最後一道太陽曙光的顏色。沿著脊柱向上，你會發現位於太陽神經叢組織的第三輪（太陽神經叢）。榮格形容這一輪為「太陽升起之地」；它的相關色是黃色。

接下來的第四脈輪（心輪）在靠近心臟的位置；它的相關色是綠色。再往上移數英寸位於喉嚨處的第五脈輪（喉輪），則是藍色。第六脈輪（眉心輪）則是位於頭部；介於兩眼之間及眼睛上方的位置；相關色是靛色。頭頂上的第七脈輪（頂輪）是紫色（往往顯現出淡紫色）。

致力於第一脈輪能量的人，所關注的焦點往往與基本的生存需求及人體健康有關。第一脈輪反映出嬰兒期的種種經驗。若你的曼陀羅出現紅色，不妨考量它是否在提醒你關心自己的健康。也許你有病在身，有必要加以治療；又或許是你目前所面臨的壓力，正開始對你的身體不利。我發現，正值經期的婦女比非經期的婦女，所運用紅色的次數更頻繁。紅色也可能象徵，當基本需求不足時對往事難以忘懷。

第二脈輪（臍輪）與自治、自律的發展相關，它的顏色是橙色。凱洛格指出，你我幼年蹣跚學步的經驗，似乎是與這一脈輪有關。在這個階段的發展過程中，所顯現的特徵包括：自我價值感、判斷自身的行為對環境的影響，以及對性別的認同感。若你的曼陀羅出現橙色，則可能意謂著對這些方面持續的關心，或是傳達了重新執行人生初期某些抉擇的訊息。

位於肚臍後方的第三脈輪（太陽神經叢），與本質我意識或自我的出現密切相關。第三脈輪的代表色是黃色。此階段的發展過程所顯現的特徵是，憶起童年離家上學的經驗——與獨立及學習、思考、計畫的能力有關。與環境之間有效的互動，對於培養第三脈輪的能量格外重要。若你的曼陀羅出現黃色，則可能透露出作好學習的準備、對某些事逐漸覺醒，或是願意擁有個人的創見。黃色也意謂在採取獨立自主的行動時，對稍早的事件念念不忘。

靠近心臟的第四脈輪（心輪），則與照顧、關心別人有關；它的代表色是綠色，第四脈輪的特徵為青春期及邁入成年期所面臨的挑戰；相關的事件包括：放棄潛意識內對父母的要求、照顧自己及他人的能力、準備與他人發生親密的性關係。若你的曼陀羅出現綠色，則可能宣告你即將如成年人一般獨當一面，或是指修正與本時期人格發展相關的更早期經驗。

第五脈輪（喉輪）位於頸部內；代表色是淡藍色。第五脈輪所需面臨的挑戰，與不求回報付出愛的能力有關。此外，也與無條件分享自己的天分、才華、能力密切相關。

第五脈輪與不斷增長的心靈意識密切相關，就瑜伽術的傳統而言，第五脈輪是通向回程的入口。個體可藉這一扇門與大我（Atman）團聚。若你的曼陀羅出現藍色，則可能意謂你喚醒了自己的靈性。

心靈意識在第六脈輪（眉心輪）——位於兩眼之間及其上方更具深度。第六脈輪的能量與直覺、本能相關；有時候又稱為第三隻眼；代表色是深藍色。第六脈輪所需面對的挑戰是，將事件背後的失序感與個人有限的自我意識互相整合，若你的曼陀羅出現深藍色時，那麼你可能對人生事件背後的更深度現實面，有了覺醒。

第七脈輪（頂輪）是位於頭頂，它的代表色是紫色或淡紫色。就瑜伽術的傳統而言，第七脈輪與超越不同的生存空間、體驗與宇宙之間神祕的連結有關。若你的曼陀羅出現淡紫色，則可能象徵前不久或不久的將來的某次高峰經驗。淡紫色也會讓人想起嬰兒期幸福、喜悅的狀態，就像一處具有治療或激勵作用的休憩地一般。

能量中心的顏色就是彩虹之色，某些人所創作的曼陀羅囊括彩虹全部的顏色，使得作品眼花撩亂。凱洛格發現，這樣的曼陀羅顯示出強烈的激勵效果，頗具療效。她稱此為「**彩虹經驗**」。凱洛格寫道：「人在逐漸了解彩虹的象徵意義之過程中，會變得十分清楚彩虹的雨量豐富，並將彩虹視為宇宙中的陰道……彩虹象徵在不可思議環境下所獲得的新生。」當你創作一幅彩虹的曼陀羅時，就好像七個脈輪全都活動起來似的，你將會感受到你對自己及過去的經驗，重新改觀，並伴隨著一股重生的感覺。

色輪及光譜是了解色彩頗為有用的系統。然而，黑色與白色這兩大重要的顏色卻未在其中占有一席之地。某些藝術家表示，黑色之內不涵括一切的顏色；但另有一些藝術家則指出，黑色蘊含了一切的顏色。同樣的說法也發生於白色。那麼，黑色與白色在你的曼陀羅內所象徵的意義為何呢？

就某方面而言，黑色與白色互為補色。出現某一色，就表示另一色也不會缺席，換言之，黑暗令人聯想起與它相對的光。傳統以來，黑與白一直象徵互相對立的黑暗與光明。黑與白也是用來形容其他相對立事物的巧妙比喻。

若黑色與白色一起在你的曼陀羅中出現，則意謂你可能正面臨對峙的緊張壓力。曼陀羅若完全以黑色與白色為主，而不涵蓋其他的顏色，就表示你以冷靜的態度、知性的角度來看世界。一般而言，色彩是情緒的象徵，缺乏色彩意謂情緒暫時收斂，一旦產生衝突，就會激起強烈的情緒，而身體也必須宣告短暫的休息，以待康復。

歌德的色彩理論

一如無數的創世神話總是以黑暗與光從混沌中分離為開端，黑色及白色的曼陀羅也可象徵你的新開始。這些曼陀羅意謂絕對的簡約，一切不必要的事物均不存在。儘管這般簡約的境界達成不易，但卻是容納新事物的前提。你的曼陀羅若是完全以黑白為主色，則可能象徵混沌已不再，而你的心靈正準備栽種使你的人生綻放新機的種子。

歌德的色彩理論是建構在光與黑暗的特性上。據歌德指出，所有的顏色均介於純黑暗（黑色）及全亮（白色）之間，他寫道：「光及黑暗、光明及晦暗，或用更普遍的說法——光及無光是形成色彩不可或缺的因素。」顏色之間的循環，一如白光與黑暗的比例變化一般。歌德視黑色為物質的象徵；白色則象徵靈性，據歌德指出，物質若充滿了靈性，本質即隨之改變。他認為，白光轉為黑暗意謂靈性進入物質內的過程。

當黑暗中白光的比例逐漸增加時——一如黎明時曙光漸露之際，黑色就轉變為藍色。歌德將黑色淡化為藍色，比喻為物質的精神化。相反的，當靈性貶為物質時，就與白色轉變為黃色——也就是白色變暗的方式一樣。對歌德而言，藍色及黃色就是人類軀體及靈魂的象徵。

綠色是藍色及黃色等量混合的顏色。歌德十分肯定地認為，等量混合藍色及黃色產生綠色的事實，等於是軀體及心靈取得平衡的人類可以達成的和諧狀態。由於藍色及黃色是源自於黑色及白色，因此綠色也表現出黑暗及白光所象徵的對立已迎刃而解。歌德認為，綠色居於色彩體系的中央，正足以說明綠色所傳達的和諧感。

當黃色變暗及藍色變淡時，紅色就會出現。我們可將黃色的染料逐漸加入有色的溶液內，就可觀察出黃色逐漸變深而形成紅色的過程。歌德寫道：「濃度最強、純度最高的紅色……是由黃紅及藍紅兩極端色混合而成的。」

歌德的色彩體系有助於我們了解，藍色（母性）及黑色（生存的地域）之間密切的關係；也指出了黃色（父親）及白色（無固定形狀；無色的空無）之間的關連。若在一系列的曼陀羅中，藍色及黃色緊接於黑色及白色後出現，則表示對峙的局面形成一種特別的調和狀態。

根據歌德的理論，這種顏色的變化是朝向中央位置或調和狀態的步驟之一。藍色及黃色可以表達人類兩性間對立的協調感。將男女兩性的對立概念化，使人類有機會透過綠色所象徵的嶄新結合關係——也就是一場神聖的內心婚禮化解對峙的狀態。

歌德的色彩理論主張，顏色與自然的節奏緊密相連。他的整套色彩體系，是以將自然界的二元對立概念化為基礎。而黑暗及光就是這自然界二元對立的象徵。對歌德而言，宇宙萬物的一切不是從合的狀態分離，就是從分離朝向合的形態。

分久必合，合久必分是自然界的精神。換言之，我們所生存及活動的世界，永遠是心臟收縮及心臟舒張，壓縮及擴張、吸氣及吐氣，相互並存。

若你在曼陀羅內所運用的色彩，是從黑色與白色壁壘分明的關係，轉變為藍色及黃色，再進行到單一的綠色，最後再度回到黑色與白色時，那麼歌德的色彩理論可以協助你了解，以曼陀羅為鏡所反映出來的心緒變化。

以下所述的色系比歌德所處的時期更早。這一套色彩體系在彼時理性主義盛行的時代，因被視為不符合科學精神，而遭到排拒。後來才由榮格披露它對現代人的重要性，而它就是煉金術的顏色象徵。

煉金術是用來從基礎物質製造珍貴物質的一套公式及程序，諸如燃燒、溶解及乾燥的活動，均是在密封的瓶內進行。榮格相信，這些活動其實是個人成長之心理經驗的投射，他稱此心理經驗為「個體化過程」。因此，煉金術作品可解讀為是心靈趨於完整的一項比喻。哈定（Ester Harding）指出：

煉金術的密封瓶就代表個人本身。在這密封瓶內，必須將散布在個人世界內無數的心靈元素，加以蒐集、整合，然後熔合為一，創造新生。在這密封瓶內，也必須使二元對立的異物互相結合，這就是煉金師所稱的密合。

在此所述之心理經驗個體化的過程，是以煉金術的術語來表達。以煉金術來比喻心理成長的例子中，尤以艾丁格傑所列的四階段最為完備。這四階段包括：燃燒、溶解、乾燥及蒸發。各階段的原料均是從基礎點開始，透過四行——地、水、火、風所操縱的各程序進行運作。而各程序則象徵了內心的轉化作用，且各具有相關的代表色。將你的曼陀羅顏色配合煉金術中的各程序，就能獲悉使你當下的內心經驗具體成形的力量。

據說，展開煉金術過程的原料顏色是黑色，煉金術的第一步是將原料緊緊密封於瓶內，哈定表示，某些關於煉金術的文章指出，瓶上的封印必須由男性及女性共同封住。就心理學上而言，這是指在轉化的過程中，務必將一個人內在的男性與女性性格特質互相結合；而其中紅色代表男性，白色象徵女性。

若紅色及白色一起出現於你的曼陀羅內，則可能象徵欲望受阻或受挫的經驗。將原料密封置於煉金術專用瓶內，是朝向轉化的第一步——這意謂持續忍耐挫折進而使原料變暗而成為黑色，所以此階段稱之為變黑期（Nigredo）。就個人成長而言，此一活動可比喻為對自己的黑暗面——是與自己的陰影妥協的一項必要但不討好的步驟。若你的曼陀羅之色彩非常晦暗，那麼你也許得考慮，其中的黑暗色彩是否欲反映個體化過程中必要的階段——此時自我深感受創、自尊心低落且經常鬱鬱寡歡。

生命煉金術

煉金術的下一步是燃燒的過程；必須將原料置於熾熱的高溫下燃燒。發黑的原料在燒成火紅色之前，會先呈現紫色的亮度。某些資訊來源形容，當熱度升高時，會出現如

110
台北市和平東路三段509巷7弄3號1樓

生命潛能文化事業有限公司 收

廣告回信
北區郵政管理局登記證 北台字8851號
免貼郵票

地址：□□□

姓名

宅：(0　)　　公：(0　)　　傳真：(0　)

手機：

E-mail:

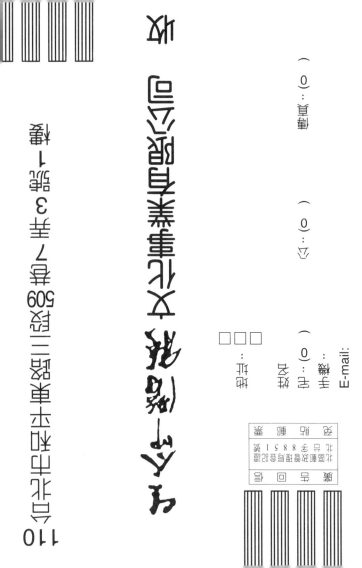

孔雀尾巴般的虹色光。若你的曼陀羅出現類似的顏色，則象徵了心靈的轉化過程，而此轉化過程是透過強烈壓抑的情緒推升及加溫所致。若你的曼陀羅內出現的紅色具有火紅、熾烈的成分，不妨視為是心靈的轉化之火導引你去選擇此色彩。

當火燒盡時，就只剩下了煉金師所謂「已成箔灰之白土」的白色灰燼罷了！然而，這些灰燼涵括已燃燒的物質內的精華；它們具有繼續進行煉金術之精煉過程所需的一切。曼陀羅內的白色，可以象徵自我已從潛意識原型力量的嚴厲考驗中倖存，它也可能意謂從心靈的暗夜，走向一種嶄新、未經試煉及未知的生存之道。

煉金師將灰燼與水混合的過程，稱為溶解。一度曾是固體狀且不能改變的物質，遂能自由的滲透於液體溶液中，且維持原有的成分。這無異是回到先前的功能！短暫的退化，還原有助於重新整理潛意識。若曼陀羅出現象徵水色的藍色時，則或許你的心靈已在進行溶解的過程。

為從溶解的過程中產生精煉後的新物質，煉金師採行乾燥的過程。此時，偶爾得將硫磺派上用場。硫磺是一種黃色的可燃物；被視為是太陽的象徵。就心理學的象徵而言，太陽象徵意識。榮格將這兩者結合，歸納出以下結論：硫磺象徵太陽的活性物；在心理學上的說法，它就是意識的動因。

若你的曼陀羅內出現黃色，則可能意指意識的原動力——也就是意志正在積極的運作。原本在心靈內矇昧不明、懸而未決的部分，可能變得明朗化、深具意義且重要無比。在「變黑期」受創及黯然失色的自我，再度展露光芒，成為擴增後的意識之傳遞者。透過接下來的蒸發過程，固體直接成為氣體。艾丁格指出，此過程比喻對立異物之間一種強烈變化。若一個人一再感受到意識中充滿衝突的一面，就可能會產生某些中心意識。艾丁格指出：

本體（Being）內各層面週而復始的循環，就會逐漸形成一種將超個人的中心觀與相衝突的因素點相結合的意識。藉由反覆交替面對對立的衝突，最後終將使本體的各層面趨於一致。

成對立的補色（紅／綠、橙／紫、藍／黃、黑／白），可以表達這種二元對立之間的動盪。若你的曼陀羅內出現這種對立的顏色，則可能表示你的心靈與肉體相對立層面的意識，正逐漸加遽。而你的曼陀羅內的這些顏色也將反映出不斷變化，且往往是你事後才發覺的模式。

完成煉金術作品，即是對立異物神祕結合的表徵，這樣的結合孕育出煉金師渴望已久的寶藏。對立的異物之所以會結合，均是因為成功的區分兩者（精神／物質、意識／潛意識、善／惡）所致。然後，對立的異物可以在結合體內接合成原狀，各自繼續保留獨特的特質，然而兩者卻又能成為這更大、更具包容性之整體的一部分。鑒於煉金術是從一般男女一起將瓶子密封起來為開端，因此，煉金師均視這最終的結合為極佳的配對組合。

哈定形容此配對的組合，是圓滿完成煉金術作品的關鍵：

國王——也就是金或精神——必須十分精煉、純正……而女王或軀體，也必須經過象徵淨化作用的洗濯或沐浴的過程，從黑土轉化為白土或銀。因此，用另一句話表達這樣的結合或受胎，則是：「將金子播種於白土內。」

她進一步從個人的成長觀來闡明神祕結合的意義：

就心理學上而言，這當然是指，唯有在軀體與精神或意識與潛意識歷經早期分析階段的淨化過程，也就是意識的特性及個人的潛意識經過檢視或整理，才可能安然的使軀體與精神或意識與潛意識相結合。

換言之，我們必須小心地觀照內心，才能體會出神祕的內在結合這般的福分。

榮格、哈定及艾丁格均曾在關於煉金術的著述內，提及與對立衝突神聖結合的相關顏色。紅色、紅黃色或是紅色與白色所混合的薔薇紅，都象徵結合。若這些顏色出現於你的曼陀羅內，那麼你可能正處於片刻接近人格完整的福分中，且為了擴充意識，已在壓抑對立衝突的緊張關係。而你之所以得此福分，則是經由個人成長的初期階段，所得不易的恩典。它只是一種短暫經驗，但是將如一粒種子埋入原料內般深植於我們的記憶中。於是，當我們再度展開整個週期循環時，就會發生作用。

在進行接下來關於曼陀羅圖案的章節之前，再與你分享一些與顏色有關的訊息。這是根據凱洛格對於曼陀羅的臨床心得，所歸納出的重要色彩組合為基礎。儘管我們是為了個人成長，而非臨床資訊，才對曼陀羅發生興趣，但凱洛格的觀察心得，的確可以提供一些研究曼陀羅作品的訊息。你若發現這些色彩組合出現於你的曼陀羅內，你可能會想要知道凱洛格所歸納出的心得，然後仔細判斷適用於你的資訊。

凱洛格指出，黑色與粉紅色的組合透露了關於個人的負面情緒，若這些顏色出現於你的曼陀羅內，則可能是一項警訊，提醒你注意身心的健康及安寧。舉例而言，你也許該小心防範意外的發生、加強自己與所愛者的關係，以及針對損及自尊的想法提出質疑。在你察覺自己的負面情緒之前，此色彩組合可能就已出現了！它提醒你採取預防的措施，以減輕不必要的痛苦。

凱洛格認為，黑色與紅色的組合，象徵同時感受到憂鬱及憤怒的情緒。曼陀羅內同時出現這兩色，意謂負面的情緒可能會突然爆發出來。此刻，你會發現若將曼陀羅視為個人成長的工具，那麼，你所繪的圖形，可以達到取代不愉快情緒、激烈言詞或虐待性行為的實效，否則他人將因你的負面情緒而遭殃。

曼陀羅內藍色及紅色的組合象徵某種衝突。凱洛格將此色彩組合與神話中的蛟龍之爭互作聯想。在這場爭鬥中，年輕的英雄向龍挑戰取得優勢。英雄開戰似乎表達出從孩提時代母親的子宮中，將自己——自己的意識及身分解放出來的一番掙扎。凱洛格認為，若一系列的曼陀羅中，暗藍色及紅色取代了紫色，而黃色又取代了前兩色時，就已透露出此衝突了！

紅色及暗藍色均是從暗紫色脫離而出，只是最後卻互為對立。然而，就在自我及自我意識在本質我的陽光——黃色內誕生時，兩者的衝突終於得以迎刃而解。

若曼陀羅內出現黃黑色或暗藍色，則表示處於自卑加自大的情結。自我若處於膨脹的狀態，往往有陷於兩極化對立之虞。黃黑色或暗藍色也象徵擺盪於得意與頹喪兩極端之間。若你的曼陀羅出現了這些顏色，你也許該考慮有必要嚴正的觀照內心，發現真正的本質我及本身的力量。

凱洛格認為，紅色及綠色同時在曼陀羅內出現，可能意指衝突。舉例而言，若紅色象徵需求、綠色卻代表父母的控制時，則將使需求的表達受到抑制。對許多人而言，紅色及綠色與耶誕節的關係密切。我們在耶誕節所感受到的熱情卻往往充滿了矛盾的情結，就是屬於紅與綠此一色彩組合的特質。若你的曼陀羅內出現了這些顏色，則可能是提醒你有必要滋養自己內在的孩童。

本章簡扼地描述了各種不同體系的顏色關係，也指出曼陀羅內的色彩依據與其他顏色的組合關係，具有另一層不同的意義。誠如我在前章所述，這些色系並非是讓大家照本宣科的硬性法則，而是提供你一些藉以了解曼陀羅象徵意義的準則。如欲知該意義是否為真，就得看它是否有助於你的成長過程而定。攤開曼陀羅時，若相同的顏色再度出現，你便有機會去查證這些看法，且更進一步提升自己對色彩的領悟力。

5.
曼陀羅小宇宙

數字與圖形內涵

當生物學家調整顯微鏡，聚焦注視單細胞生物的世界時，往往會留意顯微鏡下的生物形狀。它們獨特的形狀有助於生物學家識別微小的植物及動物。我們在注視自己的曼陀羅時，就與生物學家有些類似，也是從研究曼陀羅的圖形開始尋求其意。經驗及耐心使我們能夠辨別曼陀羅圖形所象徵的意義。

圖形是由線條及色彩所組合而成的。你所畫的線條品質，反映了你體內的肌肉張力。若你的情緒已被激起，那麼體內的壓力會較強，導致你使盡力氣畫出較粗的線條。當你疲倦不堪或因生病或憂鬱而感到身心脆弱時，所畫的線條則暗淡無力。線條的粗密也與你所使用的工具有關；畫具愈柔滑，愈可能用力畫出粗線條。

曼陀羅的線條包括：彎曲線、直線或以上兩者兼具。彎曲的線條往往出自女性之手；直線則多是男性所畫。凱洛格發現：

彎曲的線條通常反映出對人生採取非理性的態度；待人處世傾向於以情緒化的方式應對。彎曲的線條強烈暗示女性特質。相反的，直線往往表示以理性的方式來處理問題，較屬於男性取向的象徵。

直線及曲線的差異會影響圖形。舉例而言，三角形是由直線所組成，因此它意謂了「男性般」的理性。花朵是由曲線所繪成，因此蘊含女性的「情緒化」或「感性」。

沿曼陀羅外圓的線條，似乎反映了區別一個人與環境及其他個體的心理界限。榮格指出，在此若出現粗厚的線條，意謂「與外界隔絕或以冷漠、無情的態度對待外界。」凱洛格同意榮格的說法，她認為，曼陀羅外圍的線條粗而深者，反映了防衛的心態，但也可能代表「深度的自省」。若外圍的線條輕淡或根本沒畫線，就表示對他人坦懷無私，或可能意謂「個人的結合意識模糊」。然而，若外圍的線條清晰可見，但未顯得過度粗厚，則通常象徵定義明確的個人統合意識；此人會與自己及他人釐清心理的界限。

絕大多數的曼陀羅內涵蓋了一些圖形——甚至會是許多圖形。這些圖形可能是互相重疊或形成層次，以產生深度感，也可能是隨機排列或是安排得井然有序。請留意你的曼陀羅位置中央的圖形，它對於當下的你別具意義。一般而言，曼陀羅下半方的圖形與潛意識有關；而出現在曼陀羅上半方的圖形往往與意識相關，因此較容易解讀。曼陀羅內圖形的變化，多不勝數；其中的圖案設計不分對或錯。當你在圓心塗上顏色及畫上圖形時，你的曼陀羅只是表達出所發生的事實罷了！

分析曼陀羅的圖形時，也應隨時將數字考慮在內。有時你會不自覺地以數字作為曼陀羅的圖案設計。舉例而言，你可能會發現一條彎彎曲曲的線看起來像數字「9」。然而，數字往往是其他圖形的某一面。一朵花有六片花瓣，因此數字對你的象徵意義與花朵本身的象徵一樣重要。

計算你的曼陀羅內圖形的數目，有助於解讀曼陀羅的意義。例如：你也許該數一數星形圖案的點數、雨滴的數目甚至是你本能選用的顏色數。在分析曼陀羅內數字的意義時，你也許有必要問問自己在該數字所指的年齡時，你過著什麼樣的生活？

出現於你的曼陀羅內的所有線條、數字及圖形均很重要，因為它們適合你彼時的時點或與當時息息相關，可以提供有用的蛛絲馬跡。創作曼陀羅及觀察其內的圖形，就是一項極為有意義的行為。你可能會對自己創作當時的經驗感到滿足，但是深究圖形的象徵意義，將會使你的曼陀羅之旅收穫更多。

採用如第二章所述的記錄技巧，往往可以發現圖形的象徵意義。為了更進一步加強你對於圖案象徵的概念，本章會描述曼陀羅內常見的數字及圖形。我把宗教儀式、心理學及神話學的傳統象徵加以彙總，相信可以協助充分解讀你的圖形所象徵的意義。

數字的意義

1

數字「1」代表統一、單一體及發端。「1」象徵過程的開端。「1」就像一顆橡實可生長成一棵樹般，蘊含了生長得更加茁壯的潛力。曼陀羅內第一的圖形或設計，意謂著一種未成熟的潛力不斷的在心靈內擴增。

就某些方面而言，身為數字中排行第一的「1」等於是一切數字的代表。由於「1」

具備著涵蓋了本身及無數數字的包容力，因此它是統一的象徵。榮格視「1」為統一、唯一、單一體、非二神教及非二元論——他並非指數字上的觀念，而是指一種哲學概念；是上帝及單一體的原型及象徵。

「1」也代表一種心境；它是一種不包括二元對立的思考方式。你所體驗到的一切，就宛如各類事物接續不斷的無縫單一體般。這般的統合意識就是神祕主義者所描述的境界。然而，說來奇怪，你我每個人也曾經領會過。

就心理學而言，這種單一體般的結合經驗，是你我在嬰兒期共同的體驗。

在我們的統合感從經驗的世界脫離之前，所有的一切均是一體。隨著人格逐漸成熟，思考、感情、感覺及直覺的功能更具知覺意識，且差異變得更大了！對於僅察覺四項功能之一的人而言，他們所體驗的心態仍非常接近初出茅廬者。榮格指出，此時此刻人類仍在缺乏客觀批評能力的潛意識狀態下，天真無邪地投入周遭的環境及遵循事物的自然法則。

若你的曼陀羅作品涵蓋「1」的象徵符號，或是你的曼陀羅內缺少圖形，而僅塗上顏色時，那麼你可能正面臨類似榮格所述的意識狀態，它會令你憶起年少時所熟悉的情懷。於是，你會感到被動、幸福及充滿愛意。已屆成年的你，可能將此界定為超個人（或超現實）的心理狀態。

數字「1」也可能象徵一種與眾不同的心態；它道出了單一個體的本質。「我是第一」的主張，傳達出高度的本質我意識，甚至是任性自私的心態。這主張雖截然迥異於神祕學家對於現實社會印象，但卻道出你我皆知的一個事實；那就是每一個人均是獨一無二的個體。「1」可以是象徵個體的獨特性，表示此人目前或未來具有獨樹一格的潛力，也可以象徵完整的人格。

切記，所有的曼陀羅因為是單一的圓狀設計，因此均有「1」的意義。由於「1」道出了統一、完整、單一性的概念，因此當你創作曼陀羅時，等於是將自己實際存在的形象置於自己的面前，這就是為什麼創作曼陀羅會是如此大快人心了！曼陀羅向你反映出自己是單一存在實體的事實，以及人格趨於統整、完整的可能性。

2

數字「2」表示「分割、重複及對稱」。煉金師葛哈德・道恩（Gerhard Dorn）認為，在開天闢地的第二天水與地分離時，「2」這個數字就產生了！甚至在道恩之前的畢達哥拉斯時期，數字「2」就是用來象徵物質。

水與地分離是從象徵起源、發端的原始統合中脫離的一項步驟。「2」已成為從結合中脫離、走向對立、分化第一步的象徵了！許多人認為，這是從和諧走向糾紛的一種運行狀態。因此道恩指出，數字「2」與所有衝突、糾紛、不睦的發端息息相關。

「2」也與夏娃的關係密切，因為根據聖經記載，夏娃是神所創造的第二位人類。隨著時間累積，「2」逐漸蘊含一切事物具有雌雄兩面或雙重性之意。「2」也象徵締結性關係或婚姻關係。若再進一步衍生，「2」則可以象徵和諧的解決衝突對峙的局面，或是意謂相對立狀況力量下的均衡狀態。

某些資料將「2」與陰影劃上等號，並以「2」代表人格中次要但卻與人格密切相關的一面。反射的意象也與「2」息息相關。無數的民間故事是以雙胞胎為主題，闡述雙胞胎從出生起就分別在截然不同的環境下長大，然後於後來的人生階段中以喜相逢的結局收場。

各位可能會發現，你的曼陀羅中的「2」與陰影的原型有關。然而，兩個相似的圖形，其意義卻可能截然不同。榮格發現，成對的圖案設計意謂了意識的實現。因為潛意識的某一要素在其時點一分為二——一為意識；另一為潛意識。舉例而言，兩朵相似的花、雙胞胎或成雙的幾何圖形，均可能象徵從潛意識浮現的內容。透過個人的聯想得知圖案設計的意義，可以協助我們了解曼陀羅將傳達給我們的訊息。

人體構造也是以「2」為基礎。人類許多的器官及肢體均是成雙。例如我們透過雙眼看世界；我們用雙手擁抱世界，卻經常會發現自己的右手不知左手也在同時進行！

數字「2」也與人際關係密切相關。例如情人總是成雙成對，而婚姻的儀式則是將一對情人轉為丈夫及妻子。然後，隨著新生命的降臨形成母親及子女的關係。雙雙對對即表示親密。

榮格在研究思考、感情、感覺及直覺四項功能時發現，已將其中兩項功能提升至意識內，而另兩項功能仍存於潛意識的人，可以體驗到某種特別的心境。將世界意象及上帝意象二元化，就造成了緊張及疑惑，並且也會批評上帝、人生、大自然及自己。

從結合失敗的觀點來看，「2」道出了緊張關係、分離及衝突。但從兩性婚姻的神聖面視之，「2」則是一種宣稱趨於和諧的和解關係。你的曼陀羅內的「2」所隱含的訊息，可能是以上兩者之一，因此，請運用聯想力來協助你判斷最足以反映你當下心境的訊息。

3

數字「3」代表活力、能量及運轉。法蘭茲表示，「3」與智力及體力的運轉狀態相關。根據中國的傳統，「3」及大於「3」的所有奇數，均具有陽性充沛的特質。神話故事也往往安排三次的冒險奇遇，以加強事件的流暢。一般而言，數字「3」可說是一切充滿動力過程的象徵。「3」的活力來源是藉由創造某些新事物，而化解「2」所象徵的二元僵局。畢達哥拉斯認為，「3」象徵完成；他以「3」表示開端、中間及結束。

「3」是家庭及家庭成員之人生階段的重要指標，可以用來象徵包含一位子女的家庭單位；也可以象徵努力從對父母的統合感脫離而建立個人統合感的個體。儘管我們經常將爭取獨立視為是剛學步幼童及青春期孩子典型的發展過程，然而，每當你想要獨立的想法或行動頻頻增加時，你的曼陀羅內的「3」就可能顯得特別搶眼。

當四項功能中的三項脫離潛意識而通抵意識之內時，個體將體驗某種特別的心態。榮格指出，這種心態顯示出，「3」的特徵即是象徵洞察力、提高意識及重新恢復更高度的統合感。榮格另外表示，「3」象徵觀念及意志力占了優勢。法蘭茲主張，「3」所象徵的意識傾向為自我意識。換言之，所能夠得知的事傾向於知性，且是以「純粹想像的立足點」出發。這是當四大功能的三項進入自我意識，而第四項功能仍然深埋於潛意識的奧祕之中所致。透過第四項功能與潛意識接觸，才能產生更見成熟的智慧。

有史以來，數字「3」一直感染了宗教上的意義。舉例而言，耶穌基督為聖父、聖子及聖靈三位合為一體者。其他的宗教也結合了天神三位一體的概念。早在基督教信仰之前受到膜拜的異教女神也往往是貞女、母親及老嫗三種形式的象徵。此外，三角形是女神的象徵；而「3」也被視為是異教中女性的數字。

宗教性的文學、神話及民俗故事，往往以三個暗無天日的白日或在地獄的三個夜晚為主題。耶穌基督埋在墓中三天；耶和華停留在鯨魚的腹部三天；月亮女神在她的黑暗週期期間隱沒了三夜。無論從南太平洋到英國小島之間的許多文化，均存在類似的故事輪廓。

榮格表示三天或三夜的主題，是英雄故事中一貫用來描述「在死海囚禁」的方式，而英雄總是會在這段沈潛期間脫胎換骨。三天或三夜是用來比喻與潛意識交會，是令人害怕、徹底改變的經驗。這些故事提供一個架構，協助個人透過第四項仍然潛藏於潛意識的功能，來了解他接觸潛意識的經驗。

你的曼陀羅的特徵若與「3」有關，那麼你可能正是精力旺盛，充滿興奮感及一股想追求獨立的欲望，你也許正在抒發自己的靈性面或信仰體系。「3」可能宣稱一場進入黑暗的英雄之旅已經展開，英雄將在旅程中藉由夢想、故事或出奇不意的發現自我而參悟智慧。

4

「4」意謂了平衡、完整及圓滿。「4」設定界限、界定限制及組織空間。一年分為四季；人類定出東、南、西、北四個方位。我們測量土地，並以四方形為藍本設計城市。

「4」與大自然中的花朵、水晶及四腳動物息息相關。希臘人在研究大自然後發現，一切萬物均是由地、水、火、風所組成。一位基督教的煉金師帕拉塞爾蘇斯

（Paracelsus）所定出四重的心智品質（A Fourfold Quality of Mind），與稍早思想家所形容的自然次序相關。當榮格將大腦處理資訊的四大功能加以區分時，他確定帕拉塞爾蘇斯的直觀洞察力與他個人所進行的臨床研究不謀而合。

四方形的筆直線邊邏輯象徵與男子氣概相關的純理性。儘管如此，傳統以來「4」卻一直是女性的象徵。中國人將「4」與陰性、黑暗、濕氣或感受敏銳的女性互作聯想，歐洲的煉金師也認為「4」是女性的數字。在瑪麗亞（Maria）原理的數學聲明（「3＋1」或「4」）中，描述了完整的煉金術過程。

某些文化認為，宇宙誕生的節奏具備四重的品質。印第安人認為，神聖的音節「M」是一切天地萬物的根本聲音，它的吟唱方式是先唸出三個音「ah」、「oh」、「oo」，然後靜靜地深呼吸。如此一來，這一首完整的歌就有四個語音了。同理，我們也可以明白為何時間的本質包括四了——分別是過去、現在、未來及靜止的空間。

用來定義超越人類知覺限制有關的象徵，往往會將「4」派上用場。宗教藝術、建築及神話學，都用「4」來象徵宇宙之間相關的活動。佛教寺廟是由四面牆圍成一個四方形，而四個門則分別是廟的入口。據說，這樣的配置反映了宇宙神聖的次序。美國土著的藥輪也是宇宙中的小宇宙；它採用了四象限的配置。在埃及神話中，荷魯斯（Horus）的四個兒子像柱子般站立，以撐起天空。基督教的四位福音傳道者，倣效聖經內以西結書的四位天使，高舉起如水晶般的蒼穹。

「4」是普遍的曼陀羅象徵符號。我們若同意榮格所稱，心具有四重的品質，那麼數字「4」可以用來象徵四大功能所進行的活動。而這整個過程將可導致深藏於潛意識內的黑暗面（未經開發的功能）。於是，四大功能的其中一項，於現在及未來將會一直停留於潛意識的領域內，而其他三項則會進入意識區。

當意識及潛意識之間的門戶開放後，我們就會體會到一種嶄新的心境。據法蘭茲所言：「我們的心智過程不會只在知性的理論上打轉，而會參與具創意、冒險性的行為，促動了個體的成長。」於是，知覺意識的深度將會增加。

當個人的表現與本質我的原型模式相去不遠時，「4」經常會在曼陀羅中出現。例如當你感覺到堅強、英勇及精力旺盛時，就會如此。說也奇怪，就在我們慣性的自我功能受阻或受到質疑，而感到洩氣的過渡期間，最能凸顯出本質我的影響力。值此之際，本質我雛型將會反映於曼陀羅的作品中，顯示其母質原型及保護自我的功能，在我們最迫切需要鼓舞時，本質我可扮演橋梁的角色。

「4」除了象徵心理上的完整之外，也意謂本能的想要得知自己在宇宙中所處的地位。榮格發現，以「4」為特徵的曼陀羅顯示，心靈內的某一部分自然的想要建立一種具有象徵性的結構，然後藉此了解最根本的實體。創作曼陀羅使一個人的心靈與以人為本質的宇宙無異。根據法蘭茲表示，數字「4」合於節奏感的表面配置，就在此過程中扮演了格外顯著的角色。

若你創作的曼陀羅具有「4」的雛型，那麼你的手是經由一股想要體會平衡感、和諧感及秩序感的需求，引導你作畫。透過「4」的安排、配置，可以使不相容的二元對立整合為趨於完整的雛型。這反映出一種內在的過程，透過此過程，你的心靈得以拓展、療癒及自行創新，努力朝本質我的原型為你所設立的完整雛型邁進。四重式的曼陀羅作品，意謂你逐漸具有直觀的悟性，可以透過古代的象徵，來了解你自己、宇宙及你在宇宙中的一席之地。

5

「5」是象徵與生俱來完整的數字，它的產生往往出於天生自然，例如花瓣盛開為五瓣、海星為五節或五爪的蘋果。身體的構造也與「5」有關。舉例而言，人的雙手與雙腳各有五指。當我們展開雙臂、雙腳張開站立在地上不動時，我們身上與數字「5」有關之處包括：手、腳及頭部。

當我們保持站立的姿勢，將雙足張開成最大距離時，就是數字「5」所象徵的傳統意義之一，它意謂個體不斷向外拓展，在紅塵世界中打拚。誠如榮格指出，「5」是最能象徵自然人的數字，因為人是由一主要軀幹及五個附屬肢體所組成的，在基督教的教

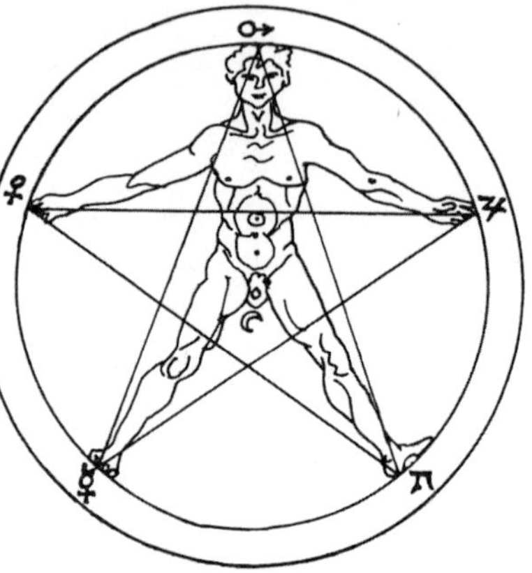

（男人——小宇宙）

義中，自然人的「5」卻反過來象徵因上帝脆弱的知覺意識導致人的產生。

由於植物的形狀往往也與數字「5」有關，因此「5」也象徵春天的萌芽期。據什洛特指出，「5」象徵生命固有的充實、圓滿，恰與死亡的僵硬、沈滯形成對比。衍生而言，「5」也可以用來象徵健康、愛情及性慾。

在中國，數字「5」是完整的象徵，而這恰與歐洲對數字「4」的理念一致。法蘭茲解釋道：「5」象徵集一點於中心的「4」。對中國人而言，數字「5」代表土行：而土則集中一切事物於「實體基礎的中央」。中世紀的西洋自然哲學中，也可以發現類似上述與數字「5」有關的觀念。它是第五行的概念；並且與象徵精髓的點金石息息相關。據法蘭茲指出：精髓另外加入四行的行列中成為第五行，但它卻象徵心靈所可以想像、最精純的四行合成體。

以「5」為特徵的曼陀羅可能意謂：為了將個人的遠景落實，你積極的投入現實世界中。你的內心受到一股使命感所驅使，積極、努力不懈地實現目標。然而，你的上進心也會配合個人的能力，目標達成的可能性及根據現有社會架構基礎來運作。若你的曼陀羅內出現五件物體或與「5」有關的圖案設計，不妨考慮是否與本身器官的完整性、個人的掌控能力與衷心對世界付出的意念等象徵意義有關。

6

「6」是象徵創意、完美及均衡的數字。聖經中的創世故事描述，上帝在開天闢地的第六天造男造女，並對他們說：「要生養眾多，遍滿地面。」而希臘人亦然，他們也將「6」視為最適合代表生殖力的數字。在希臘人的數字觀中，「6」被視為是由象徵女性的「2」及象徵男性的「3」相乘而成的，因此「6」等於是象徵男女兩性的結合。誠如榮格解釋道：由於數字「6」是象徵女性的偶數「2」及象徵男性的奇數「3」相乘所致，因此它意謂創造及進化。

因為「6」象徵兩性的結合，因此它也可能代表完整。印度教宗教藝術中的一環：「斯里符圖」（Sri Yantra）曼陀羅就將此一觀念，表達得淋漓盡致。「斯里符圖」是由許多重疊的三角形所構成，其中的倒三角形象徵女性的敏銳力及善於接納的能力；而正三角形則代表積極、雄糾糾的男子氣概。每一對正三角形及倒三角形的交集，就會產生一個六角星。對於印度人而言，斯里符圖意謂了所有的生命形式彼此密切相關、互相糾結。

「6」也具有以女性為象徵的古代傳統。畢達哥拉斯學派的信徒認為，「6」即是「母親」。對於中國人而言，「6」也是一含有被動接納之陰性特質的女性數字。此外，「6」被用來象徵掌管愛與美的女神愛芙羅黛蒂（Aphrodite）的性慾。渥克（Walker）指出，正因為「6」與女神的性事扯上關係，因而促使基督教的權威人士稱「6」是象徵罪惡的數字。

一如聖經中對「第六天」的敘述，「6」也可以象徵一回合的創造週期大功

「斯里符圖」曼陀羅

告成。正如完全盛開的花朵或熟透了的水果一般，「6」意謂了成長的停滯或活動的中止，以及創作泉源的中斷。它代表讓創作行為隨即畫上句點的停頓。在暫時的這一刻雖是充滿了美感、和諧感及成就感，但也是死亡的前兆。

若「6」出現在你的曼陀羅內，那麼你可能就要完成一項曠日廢時、耗盡心力的計畫了！或者是你正處於充滿滿足感、成就感或是感到自鳴得意的短暫時刻；而你的這一番成就感也可能只是屬於情緒上的層次。你的內心可能產生一股和諧感，而讓身體、情緒及心靈跟著產生共鳴。你的曼陀羅內的「6」，可以象徵目標的達成、創作活動的延緩或是靈性提升。

7

「7」是古代人根深柢固所認為的神祕數字；例如：七大行星被奉稱為神；數字「7」會令人產生恐懼感；七色彩虹被視為是神仙下凡的橋梁；以一週七天來象徵時間；甚至連音階的七個樂音也一度被認為是由七大行星的諸神所定，且用來象徵天國的和諧與融洽。

「7」與定方位的方法及聖地的名稱有關。在北美的傳統中共定出七個方向，除了一般所見的東、南、西、北四方向外，還包括上方、下方、中央或自身的方法。美國土著在設定一處舉行儀式的地點時，就會將各方位定出來，這也是舉行儀式所不可或缺的第一步驟。

數字「7」在古代的文學作品中，表示完成一次的時間循環。聖經中的創世故事描述：到第七日，上帝停止造物歇息了。上帝賜福給第七日，因為在這日是祂工作的總結，在另一篇聖經的記載約伯記中指出，約伯的朋友同來安慰他，他們就同他七天七夜坐在地上。

數字「7」也出現於基督教其他傳統的文章中。例如：雅各在他的哥哥面前，一連七次俯伏在地，以示謙卑。另有一些參考文獻描述了聖靈的七重禮、七大罪、七書及聖母馬利亞的七悲。數字「7」出現得很頻繁，正足以證明它在歐洲文化中的莊嚴性。這樣的傳統之所以沿續至今，就是因為「7」一直被認為是吉利的數字。

古代的異教徒尊崇數字「7」，是因為它是由「3」及「4」兩整數相加而成。由於數字「3」與最初的「神之母親」的象徵——三角形息息相關，因此在女神的傳統中，它代表女性。而「4」則被視為是象徵男性的數字。由此而論，「7」象徵了男女兩性的結合；是一種神聖、完整的結合。

煉金術的傳統也賦予數字「7」重要的地位。如欲將基礎物質轉化為具有永久的價值，就得歷經七個階段。煉金師所描述不可思議的化學步驟可與他們的內在修為相比擬。而他們經過一番的內在修為後，便可從無知而獲得啟蒙。於是，數字「7」可以象徵此一艱難的轉化過程之最後階段。據榮格指出：「7」代表啟蒙的最高境界，自此可以心想事成。

若「7」出現於你我的曼陀羅內，那麼我們可能正與古代將「7」視為特殊數字的宗教傳統起了共鳴。也或許我們是想要留意時間的自然週期，並認同我們的祖先對於時間的尊崇——對於他們而言，一星期的每一天均是無比神聖。「7」也可能意謂完成人生的某一階段、落實某一項計畫或實現某一抱負。數字「7」可能是強調你我內在的男性面及女性面達到平衡，代表著過去神祕的面紗進入我們的曼陀羅內，使你我有幸可以發掘自我。

8

「8」是象徵安定、和諧及新生的數字。在基督教的傳統中，「8」與復活有關，因為耶穌是在進入耶路撒冷後的第八日從墓中甦醒。受洗被視為是紀念耶穌基督復活的新生儀式。在中古時期，「8」是聖水的象徵。費古森（Ferguson）指出，無數的聖水器之所以呈八邊形，就是因為取其復活的象徵意義。

數字「8」的圖案形狀所含的意義，與數學上的運算淵源不深，舉例而言，數字「8」與無限大的符號頗為類似，因此可用來象徵宇宙無限的旋轉運作。此外，「8」的外形近似宙斯的使者赫密斯（Hermes）所持棍杖上交錯的雙蛇。因此，數字「8」一如使者的棍杖，可以用來表示在對立的力量之間取得平衡。再者，由於「8」的形狀像是兩個圈，它也可以象徵關係親密的兩個人，例如情人、母子或夫妻。

與數字「8」有關的事物還包括象徵崇敬的太陽之八幅條的車輪。當車輪轉動時，一半的車輪向上轉，一半則向下，而車輪邊緣的一頂點則偶爾向上，偶爾向下——總是由某一短暫的狀態隨時再轉變為下一次短暫的狀態。於是，此八幅條的車輪，巧妙的象徵了對立的兩端彼此共舞，藉以促成個體生命的轉變。因此，數字「8」可以用來象徵不屈不撓的轉動生命之輪。

榮格視數學「8」為完整的象徵，因為「8」是「4」的倍數；是本質我顯著的象徵。榮格在他的患者之曼陀羅中發現，「4」的圖案設計往往會擴展為「8」或「8」以上的圖案。換言之，曼陀羅中央以「4」為一組的圖案，在向外圍擴展時，往往會變成「8」、「16」、「32」或更多的圖案。

你的曼陀羅內的「8」透露本質我的原型深具影響力。本質我是內在生活的一個中心點，但是它的雛型往往非你我的能力所能了解。驟然、出奇不意的變化不但是本質我的天性，也象徵了超越式的和諧。你也許可以發現，你的曼陀羅中的「8」，象徵了你在對立的衝突、二元化的觀念，或兩個人之間達到絕佳平衡的境界，而此現象往往就是你的人生即將產生重大變化的前兆。

9

「9」象徵一群天使、周密的組織及人類存在之謎。榮格指出，根據古代的傳統，「9」象徵「一群神」。聖經中提及了九組天使。數字「9」在中古時期的基督教中，象徵三位一體中最神祕的聖靈。因此，「9」傳統以來一直是善良幽靈的象徵。

在歐洲的祕密哲學中，「9」象徵以三個生存面為基礎的宇宙論。相信這些玄祕難解理念的人認為，宇宙及一切萬物存在於肉體界、智能界及精神界內。「9」被視為是象徵這三界的完整意象。儘管這三界均各自獨立，但在某些情況下仍可以從不同的立場有效結合——尤其在準備治療的藥方時格外受用，不斷的蒸餾及混合更能增強藥力。將這三界的成分混合三次的效果最彰。據什洛特所言：「9」在醫藥的儀式中是象徵超凡卓越、出類拔萃的數字，因為它代表三倍的綜合體；換言之，它結合了肉體面、智能面及精神面的特質。

在數學體系中，「9」是連續的數字中重返單數「1」的最後數字。然後再加「1」才成為「10」。因此「9」意謂與嶄新、簡單個體有別的差異、分化。榮格在一則關於寶藏的古老民間故事中，生動的表達與「9」有關之差異化及簡化的累進循環。榮格說道：「據說該寶藏得費時九年、九個月及九夜才會浮現出來，如果不克在最後一夜找到，就會埋回原地，一切又將回到始點。」

與「9」有關的象徵符號道出人類存在的奧祕。人類是等級不同的生物，我們能思考且具有靈魂。你我的曼陀羅內的「9」可能意謂著：當我們結合了肉體、心智及精神三者，就能過著更完整的人生。在神祕的希伯來傳統中，數字「9」象徵真理，因此若「9」出現於我們的曼陀羅內，它也許是要提醒我們莫忘自己真正的本性。

你的曼陀羅內的「9」，可能象徵你的人生中的一次組織、接合的機會。它可能是要宣布，足以使你邁向個人成長且善意的精神能量出現了！「9」也可能是要提醒你，必須在肉體、心智及精神三方面取得平衡。「9」是三位一體與「3」相乘，因此也可能是加重複述數字「3」所傳達的訊息。儘管曼陀羅內「9」的圖案可能不雅觀，但它卻反映出性靈所滋生的能量狀態及精神的覺醒。

10

「10」是傳統上象徵完美、道德及寫實的數字。猶太教徒以「10」象徵上帝，因為據說，上帝結合了諸神的十項特徵。因此，猶太人在舉行宗教儀式時，十位長老必須依序出席。

眾所皆知，十誡是基督教傳統中的道德律，這些定律至今仍持續作為許多人行為操守的準則。因此，數字「10」本身即可用來象徵道德律，這就是為什麼傳統以來「10」

總是完美的象徵。

數字「10」也是非宗教傳統的基礎。我們就是用這「十」指來觸摸、抓握及撫摸。「10」是人類用來數數及計算之數字體系的基礎。儘管數學是一門極為深奧的學問，但是我們仍可以合理的假設，這一門學問的一切在古早以前皆是從數指頭開始逐步發展，因此，「10」可以象徵你我獨特的手指及雙手強健的抓握力量。

「10」的圖案有時候是婚姻的象徵。「0」意謂了女性的性慾，而「1」則與男性有關。「1」與「0」結合為「10」，即是男女關係親密的視覺表象。因此，「10」可以顯示兩性之間的調和之象。

你的曼陀羅內的「10」可能表示，你對傳統的道德律不是採取遵守的態度，就是極為反感而與之背道而馳。它可能意指積極的面對現實生活，或是指示你一群長者始終支持你的作為。「10」也可能是強調你與異性之間的關係。你的曼陀羅內的「10」，可能透露了靈感、啟示、調和感，或對人生有一套應變之道。

11

「11」象徵變遷、衝突及尋找平衡的挑戰。「11」大於「10」，傳統以來，「10」又代表完美，因此某些人認為「11」象徵過量。與象徵完美的「10」悖離的「11」，也因此與變動、危難甚至是犧牲殉難息息相關，它可以用來象徵靜態的完美遭到了破壞。

在猶太教的祕義哲學中，生命的產生是經由神發出十次的感化力而形成的。這十次的發功構成了一個世界及相繼出現的四個較密集世界，最後終於出現你我所知的世界。從某一界至下一界的過渡期就是稱之為「知」（Knowledge）的第十一層靈界。聖靈離開舊世界而開始形成新世界時，均會經過「知」。因此，這第十一層靈界就掌管了死亡及新生。

中國人則是以截然不同的角度來看待「11」。據法蘭茲指出，中國人不以數量的觀點出發將「11」視為是「1」+「10」，反而認為「11」象徵了以十為一組是完整的。由於「11」是完整的象徵，因此中國人以它來象徵「道」——一種神聖的人生之道。我們很難將中國人此一關於「道」的理念翻成英語。而榮格將道解釋為：「秉持良知行事或合乎良知的方式」，可能是一種適當的說法。他更進一步說明如下：

我們若視「道」是結合分離之物的方法或合乎良知的方式，就可能與「道」的心理意義相距不遠了！毋庸置疑的，以下的觀念也是成立的……領悟深藏於潛意識內的對立意念，象徵了與潛意識的意志重新結合。而這樣的重聚即是達到具知覺意識的境界，如用中國人的說法表示，就是所謂的得道了！

歐洲的傳統將「11」視為衝突、死亡及再生的象徵：中國人則認為「11」象徵生命之道的典範。這些觀點表面上看來似乎互無交集，但實際上可能不盡然。清楚的認知自身對立的矛盾，往往會造成崩潰，榮格形容「這是一種劇烈、極端痛苦的轉換過程」。或許你的曼陀羅內的「11」所反映的衝突，矛盾是一重要的過渡階段，可使你更加徹底的領悟自己真正的面貌。

12

「12」象徵宇宙中有條不紊、和諧的次序、艱巨的任務或工作及救濟。「12」代表黃道十二宮及一年中的月分數。「12」有時候也象徵完成一回合的時間週期。「12」經常在神話、夢境及神話故事中出現。「12」也意謂形形色色的宗教團體。榮格則認為「12」是他稱之為個體化的成長過程。

「12」是希臘神話中顯見的數字。奧林帕斯山的眾神若不包括天神宙斯在內共有十二位。希臘神話中的赫拉克勒斯（Heracles）以完成十二件艱巨的工作，成為家喻戶曉的英雄人物。赫拉克勒斯因為一時喪失理智，瘋狂殺害心愛的人，為了彌補自己所犯下的滔天大罪，接受神諭服侍可鄙的歐律斯修斯（Eurystheus）國王十二年。歐律斯修斯命令赫拉克勒斯完成常人無力能及的十二件工作，才讓他換回自由。赫拉克勒斯在神力適時的相助下，終於大功告成。

赫拉克勒斯的十二項工作最後等於是黃道十二宮。完成十二項工作的他得以掙脫束縛，將人生中的這一時期畫上句號。同理，一年中的十二個月也象徵你我人生中的一個階段。一年之終讓你我有機會回顧、反省及評估過去一年的歷程。

「12」是猶太教、基督教及佛教之宗教傳統中不可或缺的一環。猶太人的祖先得追溯至雅各的十二名兒子，因為雅各之子的後裔組成了十二個以色列的部落。此外，祭司長的護胸上配戴了十二顆寶石；而摩西的一生中也曾發生十二件著名的事件或插曲。

基督教以「12」來象徵接受信仰的人。「12」象徵耶穌基督首批揀選的十二位使徒；有時更推廣，以「12」來象徵一切受洗的人或全體基督教會。「12」令人想起長達十二天的耶誕時節——傳統上的慶祝期間始自十二月二十五日至一月六日的主顯節。

佛教融合了十二個月份星座宮的觀念，作為信仰的象徵。星座宮的週期被視為是一朵具有十二片花瓣的蓮花。每一片花瓣象徵一個月份，並以動物來命名，而動物的特徵則是每該月所出現的季節特色互相一致。佛教徒相信，年份是根據黃道十二宮的次序，以「12」為一組的週期。每一年特徵均與相對應年份所象徵之動物的特質密切相關。

「12」往往以某一重要團體內的個體數，出現於無數的神話故事中。舉例而言，在睡美人的故事中，十二位善良的小仙女下凡賜福。另外還包括：「十二位兄長」（The Twelve Brothers）——王子家族中的妹妹一秉堅貞不二的美德，使兄長得以破解烏鴉的外表，而恢復正常面貌；「十二位獵人」（The Twelve Huntsmen）——公主及她的僕人偽裝自己接近公主所愛的人身邊，但是他卻另有婚姻，最後兩人還是有情人終成眷屬。以上這些故事中以「12」為一組的團體，似乎是用來比喻新機會出現之前必須耐心等待的一段時間。

榮格所輔導之患者的夢境及圖畫中，曾經出現過數字「12」。X小姐在她的曼陀羅系列作品中，是以繞成球狀的發光彩帶來表現「12」。她表示「12」象徵「發展過程的顛峰或轉捩點」。對她而言，「12」是用來加強個體化的過程。榮格也曾在文章中寫道：「數字『12』是時間的象徵，它附帶的意義是必須為潛意識執行的十二項勞務之後，人才能得到自由。」

十二項勞務意謂個體化過程所需付出的勞苦。榮格在其他的文章中，也曾將數字「12」與邁向個體化目標所需達到的人格完整境界劃上等號。

你的曼陀羅內的「12」與黃道十二宮的轉輪息息相關，它提醒你注意時間的流逝及一週期的完畢。舉例而言，當你完成一項計畫、結束一段關係或敲定過去一直懸宕的業務時，往往會發現你的曼陀羅出現了與「12」有關的圖形。「12」也可能用來象徵橫阻在你面前的挑戰——它是由本質我的神祕形式所發出的指令。你的曼陀羅內的「12」，意謂大功告成、完整及呈螺旋式移動的成長之路永不止息。

「13」與不忠、不貞、背叛及不幸的結局有關；這是因為它是耶穌被釘上十架前最後晚餐的進餐者人數。在《睡美人》的故事中，對年輕貌美的公主下惡毒咒語的就是第十三位仙女。此外，傳統上都是十三位巫婆群聚集會。

13

數字「13」也具有正面意義。事實上有些人表示，「13」之所以被視為是不吉利的數字，是因為它的神祕特質遭到曲解。舉例而言，希臘神話中的奧林帕斯的眾神共有十三位。第一批的基督徒計有十三位——包括耶穌基督及十二位使徒，而這一群人中的第十三位——耶穌基督，改變了其他十二位的一生。

「13」可以象徵新開端，也可以象徵結束。由於「12」意謂一回合的循環週期結束，因此比「12」多「1」的「13」，則表示另一週期的開始。但有時侯，開端及結束往往難以劃分，我們偶爾得同時面對開始與結束。值此之際，必定令我們感到困惑。周遭環境對開始與結束的混淆不清，可能就是傳統以來「13」被視為是不吉利的原因吧！

若「13」出現於你的曼陀羅內，那麼它可能是要讓你知道，你已進入人生的新階段了！「13」所要傳達的訊息也可能是，你的過去阻礙了你的人生新方向——特別是你未將過去所發生的事做個了斷，對你的妨礙更鉅。你的曼陀羅內的「13」可能是要提醒你，你的內心正在醞釀一股力量，因此，在歷經一段苦難期、打拚期或困惑期之後，你最好準備好將這股能量宣洩出來！

動物象徵潛意識能量

動物往往象徵本能、非理性面或人的潛意識。據什洛特指出，夢境中若出現動物，則表達一種尚未經過分化、合理化或未經意志控制的能量。

榮格認為，動物的象徵符號是潛意識本質我的視覺表象。愈原始的動物，愈象徵深層的潛意識。心靈更深的底層若更進一步脫離一般的意識範疇，則更難以同化。狗相較於蛇，牠所象徵的潛意識能量，更容易被整合進入意識內，因為蛇象徵冷漠無情、殘忍不仁，具有深奧難解的傾向以及根本的獸性，換言之，就是人類的超人性特質。

培養適當、合宜的潛意識態度，是促進知覺意識的關鍵。首先必須區隔兩者，如此一來，自我就不再只受本能所控制了！誠如榮格寫道：「人惟有征服其動物本能後，方為人。」我們最好是能夠對潛意識抱持尊崇之心。以使自我能夠具備創意、獲得意義及達到集體的智慧。據榮格表示，動物出現在我們的夢中及圖畫中的方式，可以顯示出我們對潛意識所持的態度：

如果我們對潛意識持負面態度，那麼所出現的動物將令人生懼；反之，它們就會像童話故事或傳奇故事中助人的動物一般。

某些文化以對動物的認同，作為整合潛意識的方式。美國土著的傳統，鼓勵年輕人藉由夢來認識動物，因為動物將會是他們與心靈世界接觸的精神導師及同伴；而這心靈世界就是我們所稱的潛意識。然後，年輕人便會榮獲一個名字，以榮耀他們與動物之間特殊的關連。此舉也有助於將年輕人與動物的特質合而為一。

傳統上，與動物有關的象徵符號，是以動物的自然特徵為基礎。獅子是以美貌及戰鬥的精神聞名，這一萬獸之王是力量及雄風的主宰者。強烈護衛同類的狼，則是勇氣及忠貞的象徵。在美國土著的傳統中，狼被視為是探險者及開拓者，因其他的動物均追隨狼的足跡而行。

牛角的形狀類似弦月，所以牛是女性的象徵。牛與克里特島對月亮女神的崇拜息息相關。矛盾的是，牛也曾經是諸如掌管雷、戰爭、農業的雄性天神索爾（Thor）之象徵。熊被視為是陰性的動物，因為牠定期的冬眠行為，令人聯想起月亮總在黑暗期消失了一樣。熊也象徵煉金術過程的開端——「變黑期」。因此，熊代表了本能及潛意識的危險面。

象是長壽、智能高的動物，因此牠們往往被當作是中庸、智慧及不朽的象徵。什洛特指出，象也代表力量及慾力。

驢子與象的嘉行形成對比，牠在埃及神話中是不法行為的象徵。在《阿匹里斯的金驢》（*The Golden Ass of Apuleius*）中，英雄因生活放蕩而受到懲罰以驢的面貌見人。最後，他把握機會獲得愛西斯女神的救贖，終於擺脫噩運。

羊在基督教中是耶穌基督的象徵，因此深具意義。溫和、柔順、純潔及天真是羊的特徵，羊所具備的另一層意義是表示不當的犧牲、奉獻。什洛特也發現，在中古時期用來象徵耶穌基督的羊及獅子，兩者並列的意義耐人尋味。他在羅馬教堂入口處的上方發現一句題詞寫道：「我是殺人者的致命傷；我既稱為小羊，又是一隻強壯的獅子。」

魚也是耶穌基督的象徵，但不是因為魚的特徵；而是因為五個希臘字母所拼出的「魚」字，恰如英語的「耶穌基督上帝之子救世主」（Jesus Christ God's Son Savior）的第一個字母。魚、鴨子及青蛙雖然彼此互異，但全都是水中的動物。牠們的親水性使其與「原始的水」相關連。基於此因，這三樣動物皆可用來象徵事物的起源及再生的力量。

馬與騎士步伐一致，因此牠象徵經過適當運作的本能。狂野、桀驁難馴的馬所象徵的意義正相反；代表了放縱不羈的本能。傳奇故事中的馬往往具有透視力，能適時對主人發出警訊。狗是所有動物中與人類的關係最為密切的，由於狗與人類的生活密切相關，因此牠是忠貞伴侶及夥伴的象徵。然而，狗偶爾也隱含了恰恰相反的意義：獸慾。舉例而言，德國傳說中的魔鬼最初即是變成狗，出現在浮士德面前。

想像的、虛幻的動物結合了不同動物的某些部分，或是你所熟悉的動物身上額外添加器官。人面獅身的史芬克斯（Sphinx）、獨角獸、不死馬、龍及飛馬均是其中的例子。這些動物在傳奇故事中均是諸神的神奇夥伴。據什洛特指出，諸如此類的動物代表了變遷及轉變，此外也代表向新形態邁進的刻意演化過程。

神往往以部分動物的外形示人。何若斯的四個兒子中有三位是具有人的身體、動物的頭形——分別是猿猴、胡狼及鷹。印度的神甘尼夏（Ganesha）則是象頭人身。農牧神泛斯（Fauns）是半人半羊的外貌。以上諸神以擬人化的方式，結合了動物的本能及如神般的知覺意識。

你的曼陀羅內的象徵符號，也可能是你與心靈中的該部分的動物特質接觸的表徵。藉由認同自己本性中的動物特質，你就可以與根深柢固的直覺、本能培養關係，了解存在於人體內的動物行為，進而成為永久的智慧資源。

鳥

鳥是人類靈魂、空氣及轉變過程的象徵。在埃及的象形文字中，人頭鳥代表靈魂或死後靈魂脫離人身的觀念。在早期基督教的圖畫中，鳥被用來象徵「有翼的靈魂」。此外，眾所皆知鳥是引發閃電、戰爭及死亡的禍首，則是與上述截然互異的意義。

鳥一直是用來象徵與物質對立的精神。榮格指出，鳥可以象徵靈魂、天使及超自然力。在古代社會，鳥有時被視為是信差。羅馬人認為鳥會帶來預兆及促成開悟成道的境界。就非宗教的意義而言，鳥則可能象徵思想或思想的奔放——尤其是指幻想及直觀的想法。

某些鳥具有特別的意義。鷹含有獅子所具備的勇氣、力量及貴氣。美國土著認為，明察秋毫的天分是智慧的根源。世人相信，鷹比其他鳥類飛得高，因此，牠與太陽的距離近便能吸收光的菁華。又由於光被比喻為靈，因此，鷹即成為靈性的象徵。

什洛特指出，鷹不是和平的象徵。從遠東地區到北歐各地，鷹總與權威的神及戰爭相關。鷹也道出了男性的雄風，因牠與太陽相關，太陽的「陽性」活力使女性受胎，這使得鷹也成為父親的象徵。

貓頭鷹（梟）是與鷹對立的鳥禽。貓頭鷹是夜間之鳥，牠一直用來象徵黑暗、死亡及知識；且與諸如雅典娜（Athena）、密娜娃（Minerva）、莉莉絲（Lilith）等智慧女神相關。貓頭鷹與女神之間的關連，比牠與萬聖節中女巫的關係更顯著。傳說中，女巫是克諾（Crone）女神退化而成的。智慧女子或女巫的拉丁名及義大利名也隱含了貓頭鷹之意。

鴿對於基督教的傳統意義重大；牠是純潔及和平的象徵。挪亞放出一隻鴿子，而後嘴裡叨著橄欖葉返回。這是洪水已經消退及上帝與人類講和的象徵。在耶穌的時代，鴿是猶太教寺廟針對嬰兒的降生所進行之淨化儀式的牲禮。

鴿在基督教的藝術中，往往用來象徵聖靈或是三位一體的上帝之一。鴿所具備的象徵意義，可追溯至聖經中描述耶穌督受洗的章節：「約翰又作見證說，我曾看見聖靈，彷佛鴿子從天降下，住在牠的身上。」根據本段經文所示。鴿子從天降下可象徵靈性的啟蒙。

對某些民族的宗教信仰而言，鳥具有神聖的地位。在吠陀時代的印度人，以巨鳥——如老鷹或天鵝來形容太陽。美國土著將閃電及雷擬人化為一隻巨大的雷鳥，並以它作為天地萬物及恢復健康的根源。孔雀被視為是天后朱諾（Juno）神聖的表徵，且用來作為羅馬的王妃神化的象徵。

歐洲的神話及民俗充滿了類似鳥類的生物。例如：居爾特人認為女性曾是有翼的生物。古代斯堪地那維亞的十二位華吉麗女神（Valkyries），均穿著屬於佛萊亞女神的羽毛衣。西伯利亞的巫師身上穿的羽毛衣及在儀式中所採用的羽飾，令人聯想到如鳥一般的飛翔，即是靈性的象徵。「學會鳥語」是常用來比喻靈光一現的隱喻。

儘管一隻鳥可能是指神的使者甚至是指神，但一群鳥則具有負面意義。這乃是根據祕教的原則所稱，複數與象徵神的單數差之千里。試舉希臘神話中的一群惹人厭的鳥群為例。牠們侵擾受害者、污染農作物，然後隱退至一處潮濕到無法行走且乾燥到無法行船的沼澤地。赫拉克勒斯所必須完成的第六項工作，就是清除這些鳥群所居的沼澤地。

一群馬可意指消極、邪惡的欲望或危難。各位也許還記得在希區考克所執導的驚悚片中，當一群鳥出現時迎襲而至的脅迫感。另一方面，不計其數的鳥也可以象徵一股正面積極的力量。猶他州鹽湖城的拓荒者，即建立一座雕像來紀念一群鳥使他們的農作物不受蚱蜢的肆虐。他們相信，鳥是上天派遣而來的天使。

鳥是煉金術中重要的象徵，代表「活化過程的力量」。鳥精確的座落位置，帶給人類更特定的訊息。就煉金術而言，鳥的特徵如下：

牠們展翅翱翔飛向天際，象徵了揮發或昇華；而牠們從高處向下俯衝則象徵沈澱及液化，這兩項具象徵意義的活動合起來就代表了蒸餾的過程。

你的曼陀羅內的鳥意指活化、促動你的智能，牠們也可能反映出易變的心靈過程。向上飛的鳥象徵，已宣布或告知的觀念或想法。向下滑翔的鳥，則意謂你個人的某些狀況愈加堅實、穩固或切合人意。上下四方到處飛的鳥，可能象徵洗練的眼光、精確的知識或是自我的意識達到更高境界。

蝴蝶

蝴蝶因生命週期引人注目，因此牠是轉變的象徵。蝴蝶一開始是一隻毛毛蟲，然後進入蛹的潛伏段，最後才脫胎換骨成為自然界中最美麗的生物之一。就基督教的傳統而言，蝴蝶生命週期的兩階段，恰好等於生、死、復活。蝴蝶象徵耶穌的復活，更廣泛而言，牠象徵全人類的復活。

蝴蝶令人產生形而上的聯想不僅限於基督教，希臘人也曾以「心靈」一字來指「靈魂」及「蝴蝶」。他們相信，人類的靈魂在尋找新輪迴、投胎轉世之際，就會幻化成蝴蝶。歐洲的詩人一直以蝴蝶的親戚「蛾」，來比喻靈魂。他們藉飛蛾受光吸引的意象，來象徵渴望上帝的靈魂。

若你的曼陀羅內出現蝴蝶，那麼它可能意謂心靈的力量不斷的自行更新；或透露出你已脫離靈魂的暗夜。蝴蝶可能是用來宣稱即將邁向嶄新生存方式的急遽變化。你的曼陀羅內的蝴蝶，反映出你的美感、靈性及本質我更新。

圓

圓將空間圈住。圓內是受到保護、增援及劃定界限的境域。圓令人聯想起以母系為重心的村落、古代聖地及自然界中不計其數的形狀。圓象徵運轉，如：星球的旋轉、水的流轉、慶典、膜拜及遊戲持續不斷的步驟。

太陽往往以圓來表示，滿月也是用圓形來表現。時間本身即是以圓作為象徵——尤其是諸如一條蛇繞圈咬住自己尾巴，這般能夠表達運轉狀態的圓，更適合作為時間的象徵。圓是世人廣為認定代表永恆的象徵——因為一條無開端也無終點的線，恰足以象徵無始無終的時間，這也因而使得圓恰如其分的成為上帝的象徵。圓不僅象徵上帝的完美無缺，也象徵了上帝的永垂不朽。

中國人以中空的圓盤作為蒼天的象徵，中空的部分象徵超然存在的道路。曼陀羅中央的空心圓，恰如車輪

此圓象徵蛇咬住自己的尾巴

中國式蒼天的象徵

轂內靜止的中心點，此一圖案符號代表西方煉金術中聞名的觀念永恆之窗。據法蘭茲指出，永恆之窗代表本質我的經驗，它使個體的觀點擺脫時空的限制。她寫道：「人類透過這扇『窗』與本身永久不滅的特質接觸，而這永久不滅的特質，同時又能以同步發生的事件，進入此人具有時限的世界。」

我們所繪畫的曼陀羅就是個圓。榮格認為，曼陀羅的圓是「具有保護力的圓」或是「由無數的民俗力量所保護的圓」。「顯而易見的，圓的宗旨是要繪畫者沿著中心、寺廟（或聖境），畫出個性最深處的神奇之路，以防止任何內容的『外流』，或免於受外界的影響而分心。」由於圓能夠包容及組織圓內的一切，因此曼陀羅可以引領我們，了解及體會你我內心充滿千變萬化的個體。

透過畫圓的儀式、全神貫注的意志力及興趣，可以導引我們返回內心的聖境。這內心的聖境是心靈的根源及終點，它涵蓋了生命及意識兩者合一的個體。

曼陀羅內更小的圓形，可能會使你的某些層面受到保護、珍視或解脫出來。圓形有時候在部分重疊下會產生橢圓的圖形，稱為Mandorla。在宗教藝術上，當耶穌基督及聖母馬利亞站在地球及天國之間的交接處時，就是橢圓形圍繞著他們。因此，你若體會了恩典，就可能會繪畫Mandorla。中空的曼陀羅意謂，你樂於面對改變、善於接納超現實的事物或具有遭逢反邏輯經歷的傾向。你的曼陀羅內的圓可能是用來提醒你，人生的潮流來來回回始終與時間及空間密切相關。

十字形符號

十字形是在垂直線及水平線交集下產生，它令人聯想起雙腳及雙手向外伸展的人體完美無瑕的站立時的體態。十字形是用來凸顯一個特定心態的象徵。

十字形中的直立部分，令人聯想起其他垂直物的象徵，如樹、山及梯子，這些象徵意謂了與天和地——傳統上用來象徵神之間的關係密切。垂直線被認為是一條串連聖靈世界及凡塵俗性的通路，此外，它也是用來象徵地球上超俗及世俗並存之地。垂直線／水平線有時又稱為世界之軸。什洛特寫道：「十字形代表『世界之軸』，它置於宇宙的神祕核心，成為一座橋梁或階梯，使得靈魂可藉此抵達上帝身旁。」

十字形與樹的象徵關係密切。中古時期的基督教藝術，形容十字形是一株活潑有勁的樹，有時候會長出花果或荊棘。傳奇故事中描述，耶穌基督死於的那個十字架，是從種植在伊甸園內的天堂樹砍伐下來的。因此，基督教的十字架含有生命之樹的象徵意義——藉由十字架所象徵的犧牲、奉獻，世人才得以獲得永生。

在其他的宗教傳統中也可以發現十字形，古代居爾特民族的德魯伊教教徒，將大樹的枝幹高高的綁在聖樹上，外觀看起來就像是栩栩如生的十字架般。以女神為核心之宗教的信徒，視交叉呈十字形的道路為神聖之地——它是對冥府女神黑克蒂進行奉獻儀式的地方。儘管基督教的權威人士責罵黑克蒂是巫女之王，但是她們享有安全通行之神的尊榮；且她與稍早的俗世宗教之間的關係舉足輕重。黑克蒂在平民百姓心目中的地位重要無比，甚至在第十世紀還得動員在位者採取法律措施，來廢止民間舉行膜拜她的儀式。婦女若經發現在十字路口將子女奉獻給「大地之母」，就得被罰以三年齋戒之刑。

十字形最重要的意義，也許就是二元對立的雙方互相接合。垂直線及水平線準確的交接於一點成為十字形，適合用來象徵精神世界（垂直線）及物質世界（水平線）的結合。十字形也可用來象徵其他成二元對立的雙方，例如：黑暗／光、意識／潛意識、生／死。榮格認為，十字形象徵完整個體的內心中已趨於平衡的對立衝突。

十字架或英雄所背負的其他重擔，其實就是英雄本身或可說是他的本質我；他的完整人格；也就是既具有神性且具有動物的特性——不僅是一位倚賴經驗的人，也是一位完整俱全的人。而此人的人格完整，意指強大的對立衝突竟矛盾的自行合而為一；恰如最足以形容此現象的象徵——十字形一般。

十字形道出人生的困境，例如：面臨可能及不可能、建設與破壞的歧路，必須有所抉擇。十字形令人聯想起人類藉由認識自己的黑暗面，而取得意識的挑戰。神話中往往以屠殺龍的英雄式行為，象徵個體達到脫離盲目的本能世界的任務。因此，以英雄的寶劍作為另一種形式的十字形，也就不足為奇了！

將垂直線及水平線各移幾度交叉，就形成「X」形。誠如一般常用「X」來表示地點，因此「X」符號也用來指出空間上的某一點、某單一的位置或某一觀點。前往紐奧良巫毒教女祭師瑪麗亞・拉芙（Marie Laveau）之墓穴的懇求者，總會往祈願時站立在位置標示「X」的符號上。古代用在骷髏底下交叉著大腿骨的海盜旗幟來象徵有毒物，這使得十字形含有「熵」（Entropy）、腐敗衰微或失落之意。聖安德魯就是被釘在這樣的十字架上。然而，我們也可以用另外的觀點來看待X。什洛特指出，在祕教的傳統中，「X」也可能象徵「上界及下界的結合」。

試著想像一個固定不動的十字形，而任十字形的中心點轉動，你就能明白納粹黨所用的十字符號「卍」是十字形的衍生。在納粹採用此圖案的幾世紀前，它一直是眾所皆知的象徵符號。「卍」象徵太陽及它橫跨天際的運轉活動。它的「四隻相等的腳」達成了平衡，因此榮格認為它象徵完整。「卍」是一動態的象徵；它道出了透過意識的提升，使理想表明化。

若你的曼陀羅內的十字符號與此相關或是以此為基礎，可能是表示一段犧牲、奉獻期。十字形旋轉數度而形成的X符號，也可能意謂一回合的循環週期結束。這些符號均傳達著同樣的訊息；那就是你可能得放棄你所熟悉的生活方式，而自我可能必須要忍耐一段試煉期，跨過心靈的暗夜。

若你的曼陀羅內出現十字符號，它可能暗示著你正在從事一項英雄之爭，且將黑暗、未知的潛意識雕塑成無數的意識。你也許會發現自己為了展開所探險的抉擇或行動，而內心交戰不已！十字符號也許正在對你說，你現已與新的自我中心結合。若你的曼陀羅內出現十字符號，那麼你或多或少在人性常見的矛盾、衝突之間，圓滿的取得了平衡。

請另外參考數字「4」、四方形及樹這些與十字符號有關的描述，以旁徵博引。

水滴

雨滴使大地潤澤，它滋潤了草木植物、填滿了湖水、溪流及幫助農作物生長，怪不得神話中雨水總是與豐饒的生產力相關。中國人以雨水來象徵藝術作品中的男性。在希臘神話中，當天神宙斯化身為金雨下降，淋在戴娜依身上時，就使戴娜依懷孕了。

雨從天而下，它是天空的神聖資源。此外，也因為它缺乏礦物質，因此具備一般的水所缺乏的潔淨。所以，某些文化傳統運用雨水來進行淨化的儀式。雨滴可作為淨化行為的象徵，但是二十世紀令人生懼的現實環境卻賦予雨水新的意義。核爆之後所降下的致命雨水及因污染所致的酸雨，均是雨扼殺成長及生命的兩起例子。

由於一般常說「淚如雨下」，雨滴便與人的眼淚扯上關係。流眼淚可能是因悲傷、失望、憤怒、喜悅或得到慰藉而起；也可能是因為情緒過於激動無法抑制，以致於淚水宣洩而出。淚水一如具有淨化作用的雨水，可以洗盡憂傷、憤怒，而容納一處寬容、原諒的轉寰空間。

血也可能如雨般泉湧而下。重傷會導致出血；古早以前曾以血祭來贖罪；聖餐的儀式也與血的象徵物相結合。我們經常會忽略正常的女性之軀，與生俱來每個月就得要奉獻血。美國土著的傳統授與了女性的「月經期」榮耀，認為它是一份珍貴的靈性之禮，會使整個族群受惠。

若你的曼陀羅內出現水滴，那麼不妨自問：「我是否有必要高聲大叫？」另一可能則是，你正被施以肥料，儘管現在你對於種下的新種子一無所知，但將來它將如一則啟示、靈感、一項新計畫甚至是一名子女具體的呈現出來。黑色水滴意謂你發現周遭的某事物，將不利於你完全發揮個人潛力。若水滴是紅色、紫色或棕色，那麼就表示你已在做某些犧牲。若你的曼陀羅內出現類似雨水或血液的圖案，則或許你正在目睹眼內在自然淨化過程的癥候或前兆。

眼睛

眼睛是視覺器官，因此與注視力及隱喻的「領悟力」有關。眼睛也可以象徵如透視力般非凡的視力。它經常用來象徵上帝全能的、無所不見及時時存在的視力。聖經中關於上帝眼睛的記載，不計其數。彼得前書第三章十二節寫道：「因為主的眼看顧正義之人，主的耳聽他們的祈禱。」

在埃及的傳統中，眼睛是荷魯斯、圖特（Thoth）及拉（Ra）等諸神神聖的象徵。然而，瑪特（Maat）女神才是原始的無所不見之眼（All-Seeing Eye）及真理之母。她的名字是依據「看」這個動詞為基礎。渥克指出：「全球各地表示母親的字彙：『媽』（Maa）不僅是女神的名字，也是指象形字中的眼睛。」

印度文化也是將眼睛與女性互作聯想。他們以眼睛來代表女性的生殖力。榮格參考關於因陀羅（Indra）的神話，指出：「吠陀經中司雷雨的主神因陀羅，因為荒唐淫亂受到了懲罰，全身均長滿女陰口而深以為苦，後來天神雖寬恕他，但也僅是將不體面的女陰口變為眼睛而已！」

眼睛若出現在體內的不尋常處，往往是表現透視力的傳統方式。例如：「第三隻眼睛」就是位於兩眼之間的上方；它象徵「超能力或神力」。諸如希臘神話中半神半人的阿古斯（Argus），就是傳統中手、羽翼、軀幹等到處長滿眼睛的怪物。什格特指出：「眼的意義與它在身體上的位置有關，例如：手中的『眼』就是指『有透視力的行動』。」

榮格表示，眼是「曼陀羅的原型」：

> 你我的曼陀羅實際上就是一雙「眼」，它象徵潛意識內的次序核心。眼睛是空心的球體；內側呈現黑色，且充滿了半液體狀、透明的體液。從外觀之，它是中心呈現黑色、具有圓形、如彩虹般彷彿能閃爍金光的表面。

因此，眼睛有如一幅曼陀羅，也包含了具有一核心焦點的圓；而此焦點意謂著其內的黑影暗藏著光。

你的曼陀羅內若出現無數的眼睛，則兼含正面及負面的意義。不計其數的眼睛可能是象徵，能以不可思議的方式到處蒐集資訊的潛意識；「眼睛」所要表達的訊息可能是，要留意你的潛意識「看見」了什麼。另一方面，你的曼陀羅內的眼睛，可能是要道出他人對你的觀察心得。你也許想要反映這些眼睛對你的看法，然後你可以針對此訊息加以測試。

你的曼陀羅內的一隻眼睛，可以作為我自己或自我的象徵。注視曼陀羅內的眼睛圖案，將會揭露你的自我及本質我的原型之間的關係。一隻眼可能暗示著你更加有能力透過不尋常的方式獲取資訊，或意謂你對於與女性或你個人的女性身分相關的事項頗為關心。一隻眼甚至可能象徵本質我——曼陀羅本身的原型基礎。

花

盛開的花朵表示回春，因此花一直用來象徵春天、人生與美麗變化無常、稍縱即逝的特性以及持續不斷更新的生命。從古至今，花一直被當作愛情的象徵；常在慶祝儀式中用來頒贈他人，以表彰成就或是成為婚禮中的裝飾。此外，花也一直是弔念死者的最後告別禮。

花朵中的花瓣是由中央散發而出，形成環狀圍繞著花。由於花的形狀及其以中心為焦點的特性，使得花恰似天然的曼陀羅。一些神祕主義者將花當作禪定、冥想的目標。這樣的作法是再適當不過了！根據什格特指出：「花是中心的意象，因此也是靈魂的原型意象。」

煉金師多用花來象徵太陽的運轉；而太陽活化的力量就能產生他們渴求的黃金。據煉金師指出，花依本身的色彩各有不同的意義。舉例而言，紅花道出具有鮮血及熱情之動物的活力；橙花及黃花展現花本身所具備的太陽象徵意義；藍色象徵不可思議之事，暗示了靈魂與上帝或神祕中心的關係。顯而易見的，煉金術的象徵符號，有助於榮格詮釋X小組的曼陀羅內之藍色「靈性之花」的意義。

在印度、中國及歐洲的傳統中，花經常用來象徵滋養神嬰的子宮。榮格指出，佛陀及其他的印度神的畫像經常是端坐在蓮花的中央。中國的神祕宗教中的金色花多被形容為祭壇。在歐洲的文化傳統中，據說上帝之子偶爾居住於花內。榮格在下列的禱告詞中，將聖母馬利亞比作一朵薔薇：

噢！薔薇花環！盛開著令人們喜極而泣。
噢！如薔薇般透紅的大陽，燃放熱力激發人們去愛。
噢！太陽之子，
如薔薇般出色的孩子，
閃爍大陽的金光。
十字架之花一如純潔無瑕的子宮。

一直盛開、燃燒。
神聖的薔薇！
聖母馬利亞！

你的曼陀羅內的花可能是春天的預兆；透露出你的個人成長週期又復活了起來！它們可能象徵子宮；而這子宮使得神賜之子、你個人的生命力從你的體內誕生。花也可能象徵你一直致力不懈的目標或任務，終於大功告成了！各位在分析你的曼陀羅內的花朵時，應留意出現了幾朵花、花的顏色及每朵花的花瓣數目。綜合這些資料，有助於你詮釋花所象徵的意義。花可能透露出你的靈性修為，於是透過你與本質我原型的關係，便可以道出一般成長的過程。

手

我們用雙手掌握、創造及將手伸出與他人接觸。我們用手完成工作、獲得成就。手令人類的手腦互用及手腦並用。手使無數的技巧行得通，而建立了文明。對於埃及人這般創造世界最傑出文化之一的民族而言，手意謂表態、行動及農事耕作。

手勢可溝通、傳達意義。一如印度的瑜伽，歐洲的祕教教義也規定，手的位置、手指的排列均傳達明確的象徵意義。在基督教的象徵符號中，手掌向外舉起表示上帝的賜福；張開手且手掌向上表示哀求；緊握拳頭象徵反抗；緊握雙手意指「男性之間的友愛」或「結婚」。在早期基督教的藝術中，一隻手指作指示狀的手，往往用來象徵上帝。

一隻手各有五隻手指。因此，手的象徵意義與數字「5」及「10」息息相關，就不足為奇了！「5」意指愛情、健康及仁慈；而傳統以來，「10」則是結合或完美的象徵。由於身體的四肢（手、腳及頭）均是以「5」為單位，因此手也可以代表整個身體。榮格認為，手也意指生殖力。

右手傳統上代表理性、意識的、邏輯的及男性的特質；左手則意謂了感性、潛意識、直覺及女性的特質。有趣的是，傳統上這項關於兩手的說法，也與現代的左右腦理論不謀而合；左腦是邏輯思考的器官，它控制了人體的右側；而右腦支配知覺、認知的模式，主導了人體的左側。

人用手掌握事物。因此，若手出現於你的曼陀羅內，則可能象徵你已作好準備為人生打拚。手也象徵你周遭環境的影響力、積極投入人際關係的能力，或開創事業、展開計畫的能力。當手出現於你的曼陀羅內，你應參考數字「5」及「10」所象徵的意義。請記住，一隻手可以用來象徵身體的健康。

若你的曼陀羅內的手是含有一隻作指示狀的手指，請特別留意該手指所指的地方；其中可能透露出對你頗為重要的訊息。簡言之，若一隻手出現於你的曼陀羅內，則可能意謂，你已準備從坐而言轉變為起而行了！或者是你可能正是活力充沛、正興起一股行動的意念，以及對個人的能力深具信心。

心形

心形是愛情的象徵。它所象徵的意義往往介於人際之間。然而，心形也可能象徵精神上的熱情。在神教的教義中則是以心形所象徵的愛情，作為啟蒙及幸福的泉源。而在基督教的藝術中，往往以精神上的愛來象徵熾熱的心。不論是指身體或精神之愛，只要出現一枝箭貫穿一顆心的符號，都是指不顧艱苦、全心的奉獻。

心臟一度被視為是生命的核心及智力的真正樞紐。埃及人致力保留死後心臟的完整，因為他們認為心臟是人的來生所不可或缺的。此外，心也與勇氣、悲傷及喜悅息息相關。在祕教的思想中，心往往與太陽產生關連。對於煉金師而言，心代表人類內心的太陽意象，正如金被視為是地球上的太陽一般。

英語中提到「心」之處，不勝枚舉。舉例而言：我們鼓勵他人「振作心神」、「觸及問題的核心」，或勸說他人勿「心太冷酷」，我們常形容一個人具有「雄心壯志」、「披肝瀝膽，充滿赤誠之心」，人與人之間應「誠心坦率」的交談，我們會說自己「很開心」或「傷心不已」！以上這些用語，均透露了我們的思維一直視這顆心為情緒、悟性及意志力的核心。

若你的曼陀羅內出現心形，則意謂你在乎人際之間的關係；也有可能提醒你要留意重點。心形——尤其是紫色的破裂心形或經一隻箭貫穿的心，往往是指傷痛及苦厄。若你的曼陀羅出現一顆殘缺的心形，可能得留意你的心臟健康。心形象徵你的情緒起伏不定。若是見到心形在你的曼陀羅內出現，即有可能你的心緒因愛情而正在產生變化。

無限大的符號

無限大符號象徵無止無盡的時間、廣大無垠的空間及無以數計的數字，它意謂從已知到未知的連續狀態已不復在的假設。所謂無限大的概念，即是一座從理性思考到未知，甚至不可知現狀的橋梁。在數學的運算上，無限大的符號也可用有限的角度視之。

無限大的數學符號呈現雙環狀；是由一順時鐘的圓及一逆時鐘的圓兩者相交。儘管無限大的符號源自於阿拉伯數字系統，但是印度才是其數學原理真正的發源地。根據印度的傳統，無限大符號右半邊的順時鐘圖案與陽剛的男性有關；而左半側逆時鐘的部分則與陰柔的女性相關。

無限大符號象徵兩性之間陰陽調和之象。當無限大符號由分化進入二元化時，並未成為互斥的雙方，反而形成兩個環，然後由一條連續的線相連起來。這象徵了變異中仍不脫離均衡與次序。某位數學家說得好：「無限大符號象徵一種完美無缺秩序感的主張，並非憑空捏造，而是經由觀察所發現的心得。」

你的曼陀羅內的無限大符號，可能透露出與神或上帝有關的意念，或是道出一種想要平衡二元對立的企圖。有時候，無限大的符號反映出既充滿對立又能達到整合的人際關係。因此，你的曼陀羅內若出現無限大的符號，則可能象徵你與諸如朋友、情人或診療師等人之間的關係良好。在曼陀羅內重複畫無限大符號，已證實是放鬆心情或集中精力、全神貫注的有效之道。

閃電

閃電是一道閃光，位於閃電之下方者往往會受到焚燒甚至遭到殺害。由於閃電令人生懼且威力十足，因此古人視它為神的象徵。希臘的天神宙斯以雷電為武器，如矛一般向敵人射出，而將敵人趕走。北歐神話中的雷神擲出巨鎚的速度快如閃電既狠又準，足以取人性命，只要滾動馬車的車輪，便能形成雷電。

閃電一直用來象徵聖城中的諸神對大地及人類施展力量。在古波斯神話中，天父發出閃電，使石母（Mother Stone）懷胎生下救世主米史瑞（Mithra）。中國人認為，一道閃電使王妃懷孕產下黃帝。古代的民族認為，閃電等於超自然的創造力、治療力量及生殖力。

閃電也一直用來象徵靈光乍現。對於中古時期的煉金師而言，閃電象徵「驟然的狂喜及開悟、啟蒙」。某些人相信，閃電象徵悟得智慧。例如現居於北美西部之納瓦霍族印第安人的巨大雷鳥，不僅是形成閃電的本源，也能帶來開悟的智慧。

閃電也象徵新回合的循環週期之始，一如春雨是新的生長季之初一般。榮格認為，女性的曼陀羅內若出現純黑色，表示她的心情低落到了谷底。若是閃電擊中了曼陀羅內她所畫的黑色部分，則表示她已從憂鬱的情緒平復。閃電象徵她的新的生機已漸露端倪。榮格認為，閃電象徵具啟蒙作用、給與生命力及豐饒、轉化療效的心靈能量。

你的曼陀羅內的閃電，意謂一直沈潛在你內心的能量活躍了起來，閃電象徵你的直覺力；也象徵一陣強而有力的心靈覺醒。若你發現自己的曼陀羅內出現閃電，不妨想想自己是否處於急遽的變動中，或正有一番令你大吃一驚的領悟、靈感萌生或病癥治癒。

彩虹

彩虹是眩目耀眼的大自然色彩，它在暴雨過後烏雲密布的天空微微地綻放光芒。在一陣戲劇性之雷電交加的狂吼後，天空隨即出現具有靜謐美感的彩虹及雨滴。因此，彩虹顯示太陽再度返照大地。

自古以來，太陽一直用來象徵上帝及人類之間特殊的關係。聖經內關於諾亞方舟的故事中記載，彩虹代表著上帝與人類均不再讓洪水毀滅世人的記號。希臘人將彩虹女神喚作艾瑞絲（Iris）。在華格納的神祕歌劇中，彩虹是一座從人間通往瓦哈拉（Valhalla）這一「英靈府地」——諸神的聖境的橋梁。

彩虹是由紅、橙、黃、綠、藍、靛、紫七色所組成的。彩虹的七色有時也用來象徵其他具神祕意義的七種事物。例如：古代天文學中的七大行星與七大行星有關諸神，以及為了紀念與這些顏色有關的諸神而定出一週的七日。在耀眼燦爛的太陽光下，仔細審視人體的頭髮、皮膚及其他器官，可以發現彩虹的顏色。這使得一些古人認為，彩虹是一切事物的基礎。

民間習俗流傳在彩虹的末端有一個金壺。但我們從經驗中得知，用一般的方式絕看不見彩虹的末端。因此，尋找彩虹的金壺恰如找尋聖杯，或是煉金師想要碎取精煉的點金石一般困難。彩虹一如聖杯及煉金術之寶，均象徵用世俗方式發現不到的絕世奇珍。

也許是因為彩虹令人聯想給與生命力的雨，所以它象徵生殖力。彩虹的「弓形」暗指宇宙的子宮，因此它也象徵男女兩性——原型的父母神聖的結合。我們也可以在澳洲原住民的創世神話中，發現此一說法。他們認為彩虹蛇母創造宇宙，生下祂所有的子民。美國西南方的印第安民族，視彩虹之神為仁慈博愛的守護者，祂總是帶來良藥。

榮格發現，煉金師視彩虹的顏色為孔雀的象徵。據說，煉金師所致力追求的金，是出自於孔雀蛋。煉金師認為，彩虹是煉金術過程中重要的過渡期，它是金即將出現的前奏。據榮格指出，煉金術的比喻性術語，即是對個體成為真正本質我的寫照。他表示曼陀羅內若出現了彩虹的顏色，則與個體化的目標——人格完整密切相關。

凱洛格將曼陀羅內出現亮麗的彩虹七色時，形容為象徵「彩虹經驗」。這是一個人因心靈秩序徹底重整所導致的再生。她指出，將過時的本質我分解，是達到嶄新統整狀態不可或缺的過程，而我們可以將彩虹經驗視為此過程的第一步。凱洛格指出，彩虹經驗具有戀母情結的矛盾傾向，且代表了其中的解決之道。當你創造一幅「彩虹經驗的曼陀羅」時，則表示你可能想要向你的朋友們或心愛的人尋求更多的情緒支援，以協助你堅持立場。

若你的曼陀羅內出現了彩虹，你可能正在為自己歷經了黑暗期而狂歡慶祝。也許此時你的內在孩童所受的創傷已部分痊癒了！彩虹也可能意謂數字「7」對你別具意義。你的曼陀羅內的彩虹宛如是上帝獎勵你的禮物，彩虹經驗可能是你的心靈釋放出強烈治療能量的一種方式。

螺旋形

宇宙是呈螺旋方向流動。當我們口吹煙霧，則氣體將呈漩渦狀移動，裊裊的遠離我們而去。我們攪動水流也會形成類似的形狀。同樣的力量也可以形成空氣及水；而重力壓縮這股力量，就會造成原子、太陽系及銀河。螺旋形描述了我們的宇宙中大小事物有秩序的運行。螺旋形象徵符號，意謂著朝向及遠離一中心點的循環性運轉。

宇宙中盤旋移動的次序組成，反映了我們的知覺意識。英國、愛爾蘭及法國等地所發現之古代石雕像的螺旋圖案，便將此次序感表達得淋漓盡致。對長期的民族而言，螺旋圖形一直是月亮運行路徑、植物生長期或為治療疾病及進行妖術而繞圈起舞的象徵。據說，古人曾用螺旋圖形或象徵符號來感應，藉以達到狂喜狀態。

人類受到一股力量的牽引圍繞著且朝向中心，它也是上帝所在的核心地移動。各種宗教的信徒就是以繞行的儀式朝聖地前進。例如：日本的進香旅客便是沿路盤桓而上向聖山富士山前進；回教徒繞著聖城麥加朝聖；同理，基督徒在歌德式教堂內隨階而上繞行螺旋形的迷宮聖殿時，也一面吟誦著禱告詞。

繞圈的神聖力量也推動心靈的內在運作。榮格發現，心靈本身的成長循環即是呈螺旋形的路徑。他寫道：「我們很難擺脫潛意識依螺旋方向環繞——中心點運行且逐漸向中央逼近的感覺；另一方面此中心點的特徵也愈來愈顯著。」榮格所指的其實就是個體化的過程。換言之，就是由自我以一本體的適當位置，繞著人格真正的中心點——本質我旋轉運作。我們將導致這種重新定位的轉變，形成為煉金術中的化學加熱過程。

螺旋形迂迴、彎曲的圖案令人想起蛇的形狀，因此，它往往道出了與蛇有關的有力形象。榮格表示：「蛇形曲線……與醫術之神阿斯基爾勒皮斯（Aesculapius）具治療力量的蛇相近。」榮格也發現，螺旋形令人聯想為生命力的象徵。印度教假想此能量走出拙火之蛇繞著脊柱底端的一點，盤蜷三又二分之一次。

將心中蛇的圖像喚醒，可以釋放體內不可思議的能量，然後在純粹的宇宙能量與純粹的意識結合之下，達到整個過程的極致。因此，螺旋形圖案，可作為透過與心靈最深處神聖、有創造力及具治療作用的能量接觸，恢復生命力的象徵。

你的曼陀羅內的螺旋形，可能顯示出你的「螺旋觀傾向」，也就是「渴求人格完整

將圓加四方形框

或正朝向人格完整的過程」，此時的你會變得充滿活力。螺旋形常伴隨著以超自然的經驗、靈感及洞察力形式出現的潛意識流之圖像，因此，你的曼陀羅內的螺旋形，為你帶來了與巫師工作有關的挑戰，換言之，必須將你的經驗、見解轉化為他人受用的形式。

你的曼陀羅內的螺旋形，可能是朝向右方或朝向左方旋轉。順時鐘方向環繞的螺旋形往往是指進入意識或現象的事物。而逆時鐘方向旋轉的螺旋形，則意謂將能量向內捲回中心點或進入潛意識內。若你看見曼陀羅內出現螺旋形，那麼你的感覺可能與宇宙的節奏脈動一致，如此一來，有助於你獲知自己在宇宙中所處的位置。繪畫螺旋圖案可以表達出你的心靈能量的流向；而此能量的流向足以反映全宇宙的雛型。

正方型

正方形給人一種堅定、踏實及平衡的印象。由於四方形有四等邊，因此它表現了數字「4」的象徵意義；它意謂了不同元素之四等邊的調和與平衡。在自然界中鮮見四方形，交通常是人為力量下的產物；這是因為四方形必須經過仔細的測量及設計方能正確無誤。也或許正因為此，在西方，正方形往往象徵理性的思維、人類的成就、俗世的生活及目標取向的行為。在埃及的象形文字中，四方形象徵成就；而四方形的螺旋圖案則代表有建設性、具體化的能量。

東方社會對於四方形的傳統聯想，多少有些不同！中國人以黑色的四方形代表具女子陰性特質的土地。在印度，四方形象徵蓮花意指原型女性的陰道口。西藏曼陀羅的儀式採用四方形象徵宮殿或聖境，四方形界定了象徵神所在之處的聖地。四方形在這些文化中，象徵物質及指導精神以物質化呈現的原則。

畫完圓後加四方形，是一結合蒼天、圓形、土地及四方形象徵符號的煉金術圖形。它象徵著透過合成、綜合來平衡二元的對立，如此一來，便能從不相容的對立衝突中，創造出嶄新的面貌。榮格指出，四方形框於圓外的圖案，象徵煉金術中的壓毀、破壞的概念，原來呈現混沌狀態的單一體分裂為四，然後再結合為更高階的單一體。從榮格的觀點而論，圓象徵單一體，而四方形則代表分裂為四的元素。

榮格指出，四方形框於圓外的圖案，是他的患者最常畫的曼陀羅圖案之一。他認為，圖案證明本質我的動力——它是一股神祕的自然力量之原型，藉由它，使個體的心靈生活調和。榮格發現，四方形框於圓外的曼陀羅圖案，是在四項功能——思考、感情、感覺及直覺之間取得平衡及調和。

凱洛格指出，曼陀羅內的四方形圖案，可以象徵一個人的環境及環境周遭的人與情境；若是四方形緊密的包著圓——也就是上述的四方形框於圓外的圖案，則該曼陀羅具有特殊意義，它象徵授予自我力量必須有能量整合動作。若某人的曼陀羅採用這種圖形，則多半會面臨與建立個人身分，及放棄對父母的倚賴等相關狀況。凱洛格表示，四方形框於圓外的曼陀羅象徵：

此人正與內心的母親及父親的力量接觸，而他可以開始結合直線來象徵知覺、意識的規劃能力。然後，他可以將本質我中感受敏銳的那一半及其活動力的另一半，互相連結起來。

直線式的四方形象徵理性、世俗及實事求是。由於曼陀羅的外圓意指個人的心理界限，因此四方形若出現於曼陀羅的圓內，則意謂四方形的特徵，諸如思路清晰、好學及成就欲強，均已融合於其中了！我們若與本質我——通常原型父母的偽裝面貌呈現密切關係，則多半會創作出四方形框於圓外的曼陀羅作品。不論你所畫的是曼陀羅內的四方形圖案，或是四方形框於圓外的圖案，均表示你具有一股澎湃洶湧的能量將輸送進入意識內，此外也意謂你的自尊心增加且正在為某事奮勇的打拚。

星形圖案

星星在暗夜的天空中閃爍，引領著流浪者返家。對於懂得星群的人而言，星星可以形成莊嚴、奇異的動物、神及古代的工具，推移前進。古人認為，星星象徵上天的恩惠及導引。因為就是星星接引智者前往伯利恆，並發現兒時基督放置的地點。

波斯人視晨星為天后殷安娜（Inanna）的象徵來膜拜她。星星也是基督教的象徵符號之一。聖母馬利亞純潔受胎時，頭頂上即有星星閃爍。基督也是以一明亮發光的天體作為象徵：「我是大衛的根，又是他的後裔，我是明亮的晨星。」

上升之星代表即將有非凡事物降臨，如傑出的人物誕生。在聖經中，星星與猶太人所期望之救世主彌賽亞的出現相關。墜落之星則表示天神或聖靈即將降臨人世，及對實質的生命造成影響。根據查拉幾族的印第安傳統，星女（Star Woman）從她位於昂宿星的住處墜入凡間。她降臨人世喚醒了冬眠的動物，然後這些動物便成了人類。

星星也與靈魂息息相關。據古代希臘的哲學家指出，靈魂並不完全存在於體內。部分的靈魂如一顆星般，在人的上方矗立、飛翔。靈魂之星激發一個人的靈感、創造力及熱情。煉金師帕拉塞爾斯也曾提出類似的觀念。他相信：「有星星進駐內心才是名符其實的人；星星總會驅策人類成就大智慧。」

榮格經常在其患者所創作的曼陀羅內，發現星形圖案——通常是置於曼陀羅的中央，且具有四道、八道及十二道光。榮格將某一位男士之曼陀羅內具有四道光線的星形圖案，視為象徵「從混沌中如一顆星般出現的本質我」。星形圖案象徵包容混亂、騷動的超越性整體。

五角星是以大自然中的植物為基礎，諸如花及水果被視為古代女神的象徵。例如，蘋果的核心呈現星形。在埃及的象形文字中，五角星圖案代表「向起源點上升」之意。另一方面，將五角星圖案轉過來，則是用來象徵分解的力量、魔力及超自然的力量。

凱洛格發現，五角星類似兩隻腳穩固屹立的人類。她的論點與榮格視五角星為具體、有形之人類的象徵不謀而合。他們的觀點道出，曼陀羅內所出現的五角星圖案即充分代表一種認同感。

凱洛格認為，星形圖案也透露出，一個人與物質世界呈現互動關係的訊息。據她指出，若曼陀羅內出現了一顆星，則意謂了將靈感帶入現實的能力。

若一顆星填滿了你的曼陀羅圓內的空間，那麼該星形圖案道出了自我價值感、認同感、使命感及即將面臨的成就感。無以計數的小星代表潛力、競爭的目標或生產力。毋庸置疑的，星形的頂點可以為任何數目，因此，研究你的曼陀羅內的星形圖案時，請數一數星形圖案的頂點數，然後依頂點數及其所象徵的意義來詮釋曼陀羅。

一顆星表示你宣稱自己是單一個體的身分；你是宇宙中獨一無二的個體。曼陀羅內的星形圖案，也可能是要提醒你：你是一具有靈魂的生物；你必須與內心真正的本質我發展特殊關係，活出屬於你的命運。

樹

樹象徵取之不盡、用之不竭且能夠自我更新的生命力，樹一度被視為神聖無比。美索不達米亞平原之寶塔式建築的頂端，種植一株活潑有勁的樹木，用來象徵一切養分的天后殷安娜。德魯伊教教徒在神聖的小樹林中，膜拜他們的神。某些樹一直被視為是聖言，僅有居住在樹枝下的賢人或祭司長才能夠解釋其意。

伊甸園中所生長的果子能知道善惡。傳說中，耶穌死於其上的十字架，就是從種植該果子的樹砍下來的。在中古時期的基督教藝術中，十字架偶爾被視為是如生長於原始花園，能長出花果且活潑有勁的樹。

樹木向上推入的樹枝與其向下擴展的根部相互平衡，這使得樹適合用來象徵不同階層世界的關係，例如：潛意識的下界、意識覺醒的中界以及超現實意識的上界。北歐神話中的宇宙樹即是藉由接連天、地及地獄，創造及延續生命力。猶太祕教中的神祕樹也是穿透不同階層而生長——向下散發以創造世界，最後再向上沿著相同路徑抵至終點。

諸如樹這般連接不同世界的象徵，即稱為世界軸。其他的世界軸象徵還包括：十字架、梯子、階梯及山嶽。世界軸顯示宇宙的神祕中心，而靈魂則可藉由橋梁或梯子與上帝接觸。因此，樹可以用來象徵與上帝的關係。

榮格認為，樹象徵本質我的原型，本質我可視為是存在於每個人內心的上帝形象。他寫道：「我們若將曼陀羅描述為以十字形斷面圖呈現之本質我的象徵，那麼樹即象徵它的倒面圖：即是將本質我形容為成長的過程。」榮格認為，樹象徵了在你我內心想要成長及實現完整內在形象的渴盼。

樹充滿了象徵意義，榮格列舉下述與樹有關且較具共通性的聯想：

生長、生命力、以肉體面及精神面的形式展現、發展、培養、從下往上及從上往下生長、母性面（如：保護、遮蓋、庇護、有養分的果實、生命的來源、堅固、永久不變、根深柢固且札根於某一特定地點）、年老、人格、死而復生。

若你的曼陀羅出現樹木，是代表你個人及本質我的形象。你所畫的樹可能是以破碎的樹枝或樹幹內的洞等形式，來象徵已遺忘的傷痛。若你所繪的樹枝宛如天蓬般的寬廣覆蓋物，則表示你與他人之間的互動能力頗佳。一株無樹葉的樹，象徵你已如冬天的樹一般處於冬眠期，生命力的能量也是深深的潛藏於根部之內。

為人母者的女性所畫的樹往往長有果實或花朵。倘若你的曼陀羅內的樹延伸至圓外，你也許正感到一股衝動，想要超越你所熟悉認同之身分界限而生長。若你所畫的樹之樹根曝露於外，你可能正感到不安、頓失重心或脆弱不堪。你甚至可能正面臨足部的問題。你所畫的樹逼真的描繪了你完全的本質我，包括你的身體、情緒及精神各層面。

三角形

三角形是動力的象徵；它代表了方向及男性與女性諸神。它與數字「3」息息相關。在基督教的教義中，三角形是三位一體的象徵；因為三角形與三位一體的象徵類似，也是三個相等的部分，結合為一。榮格在正三角形內發現更廣泛的精神意義。對他而言，三角形象徵宇宙向統合點集中的傾向。

倒三角形象徵女性，因它與女性的生殖區類似；在印度的傳統中，倒三角形是一宗教象徵，意指女性本質為一切事物的起源，而正三角形則象徵具平衡作用的男性精髓。正三角形及倒三角形交會為基礎的曼陀羅，被用來作為冥想的工具。

中古時期神祕主義者最偏好的歐洲象徵：具驅魔避邪作用的六角形星魔符，是與印度此一觀想的曼陀羅相關的圖形。這個六角星形圖案——也是由重疊的三角形所組成。對於煉金師而言，正三角形象徵人（慾力、生命力、精神、陽性）；而倒三角形則象徵水（潛意識、潛力、自然人、陰性）。在這些哲人的比喻用語中，水與火相容形成靈魂完整的人。因此，六角形星魔符象徵水與火的結合，也就是靈魂的本身。

詩人葉慈根據煉金師的理念基礎，進行觀想。他想像兩條圓錐形的渦狀線穿透軀體上下的旋轉，並在接近心臟的位置交會。下方的渦狀線象徵人；而上方的渦狀線則象徵水。兩個旋渦在心臟位置會合的表現形式，符合了神祕學家渴求精神與物質結合的意合。在印度的傳統中，六角形星魔符所象徵的意義，恰與心輪的象徵一致。

猶太人的傳統中，六角星也是舉足輕重的圖案，代表大衛之星（The Star Of David）及猶太教的象徵。在猶太人的神祕傳統中，星形象徵一對虛構的伴侶蒐藏在摩西十誡石刻的櫃內，緊緊的擁抱在一起。此一觀念的形成可能是受到印度宗教的影響所致。

你的曼陀羅內若出現一個六角形星魔符，意謂了你已圓滿的結合對立的力量，而創造一嶄新的綜合體。凱洛格認為，此一象徵暗示著由正三角形及倒三角形所象徵的能量之間，已達到完美的均衡境界。若你看見你的曼陀羅內出現六角形的星形圖案，那麼你可能剛完成一項重要的工作；也許你正處於一種和諧感、成就感及滿足感的心境中。

曼陀羅內的正三角形，通常是顯示某些嶄新的事物出現，例如：一次煥然一新的新生或創造力突然湧現。凱洛格發現，若三角形位於曼陀羅中央，則意指壯志抱負；而若三角形的頂端靠近曼陀羅上方，則是自信、主見的反映。三角形也象徵從潛意識內推開而出的元素。一旦我們掌握三角形顏色相關的意義，就更能確切的詮釋曼陀羅內的三角形圖案了！

倒三角形圖案似乎表示出自意識的想法、意念。倒三角形也反映了盡頭、結束或完成事情之後的改變時刻。據凱洛格指出，倒三角形象徵一股「朝向土地、死亡、毀滅的牽引力，它象徵了某人因面臨失落導致生、死及再生意識升高的時刻。」在古代，生、死及再生的循環，是由諸如黑克蒂、時母等黑暗的女神居中擔任協調及傳達者。

三角形是曼陀羅內的方向指標，它們不僅指出上、下的方向，也可以指向中心或偏離中心。曼陀羅內一個或多個指向外的三角形，可能象徵了出現了氣勢洶洶的力量，或是產生必須自我保護的感覺。一個或多個指向曼陀羅中央的三角形，可能透露出某人已面臨迎向自己的侵略力量。

你應該仔細考量三角形指向曼陀羅內其他的象徵圖形。三角形的出現，可能意謂你的潛意識正在警告你留意一些特殊事物。針對三角形所強調的象徵符號加以聯想，有助於你得知對你真正有意義的事物，進而使你設定符合你的心靈最深處指令的優先次序。

你的曼陀羅內的三角形是變動的前兆，它們使你留意到必須在不斷增加及遞減的能量之間，不定期的達到平衡。三角形可以指示你欲保持水準的需知；它可以引導進入與你的內心深處關係密切的靈魂內。

蛛網圖形

蛛網圖形是設計、組合的原型象徵。無以數計的民族認為，蝸蛛網內的蝸蛛是女神的化身。希臘人視她為編織的女神阿瑞克妮（Arachne）；據說，她具有編造人類命運的力量。

美國土著流傳著宇宙造物者蜘蛛女的傳說。她用兩條線開始從北至南、從東至西逐一編織。在她編織之際，白日漸漸成形，等到有了夜晚時，她便將白日期間所做的事還原。在印第安文化中，蜘蛛也具有類似的地位，她被視為是馬雅人的象徵。

在我們的文化中，母蜘蛛多少帶有凶兆之意，她與女性的負面性格相關，包括誘惑、貪婪及毀滅。然而，她那美麗的蛛網卻會令人衷心讚歎及欽慕。根據羅伯．強森指出，曼陀羅內若出現黏附在自己網內的蜘蛛，則象徵戀母情結。

蜘蛛及蜘蛛網是一基本的曼陀羅，也象徵曼陀羅在進化中展現的能源。蜘蛛的外形與曼陀羅的形狀類似，蜘蛛無異是呈對稱形式向外伸展的圓；因此，蛛網本身當然就是曼陀羅了。以此為基礎的能量系統主張，儘管曼陀羅可能包含男性的要素，但它多半是以女性為形的。而某人與女性的關係，決定了某人是否具有病狀（蜘蛛的咬痕）或展開治療的象徵（蛛網）。除了研究本論題的人之外，不曾有人見過公蜘蛛。因為公蜘蛛的體型微小，且在交配期間已是奄奄一息了，因此，我們所見的均是母蜘蛛，於是，這也成為曼陀羅能量開端的重要象徵。由此而論，將一個人的戀母情結進化為曼陀羅的治療形式，在此人精神發展過程中占極重的比例。儘管此事常發生在男性及女性身上，但是對男性的困難度要比女性更高。

凱洛格也指出，曼陀羅內若出現蜘網的圖案，多半與此人的女性經驗有關。她發現，蛛網圖案象徵與母親的關係密切，並依據此關係作為新的成長模式。蛛網圖案也可能代表，出生之前某人真正的人生經驗，或是與個人成長的嶄新週期之始有關。

你的曼陀羅內的蛛網若是完整且緊密的依附著曼陀羅的圓，就表示你具有必然的決心貫徹執行最近開創的計畫。凱洛格指出，斷斷續續不規則的蛛網，可能意謂因缺乏出人頭地的意志與決心而危及生活，於是回復到產前的生存狀態。她發現，人生初期不安定的經驗甚至可能導致長大後嗑藥。她同時指出，染上毒癮的人可能是想要用藥物自我治療，藉以將這股不悅的記憶從意識中驅除。

若你的曼陀羅內出現蛛網的象徵符號，那麼你也許已重臨童年初期的記憶。你也可能正在為新的成長週期扎根。黏附在蛛網上的蜘蛛多半與創造及毀滅有關。據什洛特指出：「不停編織及破壞的蜘蛛，象徵了無止無盡建設及摧毀互相交替的力量；而這股力量正是維持宇宙穩定的憑藉。」

蜘蛛的循環週期也意謂「自我」歷經本質我——人生之網的神祕中樞所編造無止盡的轉化過程後，一再地死而復生。

6. 大圓系統的自然循環

凡事都有定期，天下萬物都有定時。

——傳道書第三章第十節

季節的時序教導人類生長的週期分別是：播種期、植物生長期、成熟期、歷經一番辛勞後的收成期，然後再撒種於土壤內種植，週而復始地展開新的週期。歷經這般的季節時令，使我們認為，週期就是不斷重複的模式。季節的循環提供事物形成及消滅的模型，具體地影響了人類的思想。

舉例而言，黃道十二宮描述了太陽及其他天體的週期運轉。而占星學這一全球無數文化所採用闡述生命意義的哲學，則詳述這些行星週期的交互運行。中國的易經是另一種評估事件自然循環流程的古老系統，研究易經人類將行為自然模式相互結合，而過著和諧的生活。

諸如此類的系統究竟有何共通點？它們均概括地闡述了原始能量成形、茁壯至能夠具體呈現，放棄該形體、回歸起始來源的過程；詳盡地描述人類在田裡播種所學到簡單卻令人深感敬畏的課程。藉由這些循環模式，自然而然地領會人類生活的各個階段。

人類思想的形成不僅只靠這些自然的循環，身為自然之一環的人類心靈生活，也會自行訂定秩序。我們意識每日的循環，即是一例。當我們入睡時便無知覺意識，直至睡醒意識才又恢復，然後會對自己產生認同感。在正午之前，該是我們的意識運作最佳的期間：警覺性高、思路清晰及表現良好。隨著午後的到來，我們變得愈來愈睏倦，到了夜晚，突然一股短暫的能量推擁而至，加強了我們味覺、嗅覺及聽覺的意識。直至深夜，我們的能量水準再度下降，準備任由意識再回到睡眠的狀態，這就是我們意識每日自行重複的自然循環。

個體化的自然循環

我們也經歷了歷時更久的循環模式，其中有一些模式甚至歷經一生的歲月。個體化過程即是一例，它使我們從童年期天真、純潔的完整人格，邁向更錯綜複雜的分化模式。我們在整個成年期致力於複雜的模式中，達到圓滿、平衡及和諧的狀態，隨著我們的人生自行的成就與實現後，又再趨向於足以包容先前複雜模式的簡單且完整的狀態。簡而言之，個體化的自然循環是受本質我的原型所左右。

我們在個體化的過程內，發現本質我與自我之間具有強而有力的關係，兩者總是展現親密與疏離交替的自然循環。當幼童創作曼陀羅圖畫時，就能顯示自我及本質我彼此密合。幼童的曼陀羅作品，反映出自我在本質我的母質內發展的事實，隨著我們日漸成熟而成為青年，自我便從本質我的原型結構中脫離。到了中年，我們再度與本質我相遇，此時往往是想表現個人未運用的潛力、期望過著不一樣的生活，以及完成本質我所訂定的完整模式。

在這範圍更廣的自我與本質我關係的模式內，彼此之間有無數的離合。成年的我們，在面臨危機或處於過渡期，也許會體察出本質我的存在——它的意象經常在我們的夢境、圖畫等處出現，或與我們每日定期相遇。這是因為本質我不僅是心靈的中心及容器。誠如艾丁格所指出，本質我也扮演了自我的保證人。本質我一如以往，一直站在自我的背後，當自我的功能受阻或受到質疑時，它總是挺身而出，支援自我。

不論我們是否察覺，本質我總是緊守崗位。本質我與自我之間所形成的是畢生的關係。事實上，人類若想成為功能完備的人，則本質我及自我就務必維持健康的關係，這樣的結合關係正是個體化過程所造就而成的。

艾丁格將自我及本質我之間的互動形容為一條蝸狀線，自我則沿著這條線向本質我靠近，然後再沿著線與本質我分離。在自我與本質我分離的期間，人往往會感到沮喪及疏離。當自我與本質我緊密結合時，人往往會感到一股力量且得意洋洋。一個人終其一生總是在兩者相結合、相隔的狀態，來來回回無數次；而居於結合及分離狀態之間的次數，也不計其數。

艾丁格將本質我與自我之間的循環關係，描述為一個圓。我們在圓的頂端，發現自

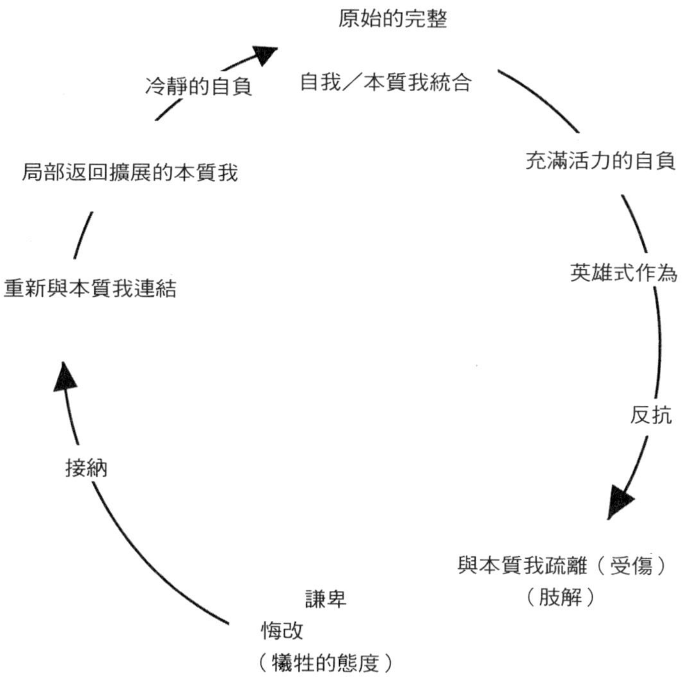
原始的完整
自我／本質我統合
充滿活力的自負
英雄式作為
反抗
與本質我疏離（受傷）
（肢解）
謙卑
悔改
（犧牲的態度）
接納
重新與本質我連結
局部返回擴展的本質我
冷靜的自負

心靈的生命週期

我與本質我之間的關係密合，幼童在此時處於原始的完整人格。依順時鐘的方向向右下方前進，自我與本質我呈現分離的狀態。兩者之間的關係愈來愈疏遠，一直到圓的底端彼此之間的距離最遠。此時，正是自我再度開始向本質我靠近的轉捩點。沿著圓的左方依順時鐘方向前進，自我與本質我再度連結，最後自我與本質我終於合而為一，又一次產生膨脹、自負的經驗，此一循環總是週而復始，一再重複。

透過你我夢境、想像及繪畫中的圖像，描繪出我們的內心生活。誠如所知，本質我的原型往往是曼陀羅的寫照。獨特的曼陀羅圖形是否與個體化有關?若是有關，那麼我們是否可以識別出透露自我及本質我關係的曼陀羅。榮格、法蘭茲、哈定及凱洛格針對這些問題，研究出有趣的答案。

榮格經常在患者的曼陀羅作品中，發現他們歷經了個體化的過程。他將所觀察的圖形逐一列出如下：

1. 圓形、球形或雞蛋的形狀。
2. 用心將圓畫成一朵花（薔薇或蓮花），或畫成一個圓輪。
3. 圖的中央是一個太陽、星星或十字圖形，通常會具有四道光、八道光或十二道光。
4. 以旋轉的方式來表現圓形、球形或十字形圖案。

5.以一條蛇圍繞中央蜷縮——不論是環形或螺旋形來描繪圓。
6.圓內或圓外加上四方形。
7.採用城堡、城市及中庭的主題或要素。
8.眼睛（瞳孔及虹光）。
9.除了以四為一組（及以四的倍數為一組）的圖形外，也具有以三為一組及以五為一組的圖形……

榮格指出，從某一圖形引出另一個圖形並無特定順序。這些圖形僅只是傳達出個體過程已開始進行的訊息。

法蘭茲所界定的曼陀羅定義，強調曼陀羅的圖案要素可能會不斷地重複其循環的模式。她指出：

曼陀羅具有一項保守型的用途——也就是恢復先前所存在的次序；但它也具有創造性的用途；亦即是表現及組成尚未存在的嶄新且獨特的事物……其中過程恰如不斷上升的漩渦，在逐漸向上旋轉之際，又一再回到同一點。

法蘭茲形容曼陀羅的形成過程具有循環性，但她並未提及與各成長階段有關的特定圖案。然而，哈定卻挑選出三種曼陀羅圖形，並將這三種圖形與個體化過程的連續性步驟串連。

她所指的三種圖形要素分別是圓形、曼陀羅及煉金術的密封器皿。圓形意指心靈的全部。而根據哈定的定義，曼陀羅則是結合四方形、十字形及三角形圖案的圓，它專門執行調和二元對立的功能。此外，燒鍋、蛋、子宮的象徵、大鍋、杯狀物，或能夠造成基本轉化作用的任何容器均代表密封器皿。哈定說道：「雖然就圖形而言，或就進行分析之不同個人所出現的次序而言，這些象徵均大相逕庭，但它們大略符合發展過程的各階段。」

她指出，儘管個人的經驗及個人所繪的曼陀羅互異，但是這些不計其數的圖形，均是建立在放諸四海皆準的模式基礎之上。而此一模式足以反映出個體化的過程。

正視創作衝動

接受精神分析的人，總是感受到一股力量所強迫而想要創作圓形的曼陀羅。當某人面臨某重大危機時，往往會產生諸如此類的曼陀羅作品。此刻的自我會感到不勝負荷，或是已處於重新定位的變動狀態，而對於此人而言，習慣性的運作方式均不再適用了！當一個人的自我組織暫時分裂、瓦解，創作曼陀羅具有鎮靜、撫慰的作用。想繪畫曼陀羅的欲念，似乎透露出本質我原型的組織能力——尤其是本質我在執行保護自我功能時更強烈。

你我不見得非得等到出現危機時，才畫曼陀羅。事實上，我們應該終其一生與本質我的原型培養關係。我們需要與內心這股根本的能量來源維持適當的關係。繪畫曼陀羅可以讓這本質我的原型能量，適當的豐富及影響我們的意識。曼陀羅使你我透過可以被整合的視覺圖像，獲得來自原型心靈的訊息。

身為藝術診療師的凱洛格，首倡將曼陀羅作為個人成長的工具。為了要識別曼陀羅的圖形，她在一九七〇年代期間，分析及詮釋了數千幅曼陀羅。起初，她想要找出一種有秩序歸納個人差異的模式。但是，一場夢讓她突破了盲點。夢的內容是：她看見一位在圓內倒著走的小矮人，一面用木棒在沙內作畫，一面目不轉睛地注視著她。這個夢使她萌生靈感，導致她研究出曼陀羅大圓的原型階段。

大圓包括十二種曼陀羅的原型圖形，每一圖形均反映出心理發展是一條螺旋狀的道路。每一圖形也象徵沿著一條個人成長過程中的重要階段。十二個階段則被濃縮、簡化為重複無數回合的循環。大圓內的曼陀羅反映出自我及本質我之間強烈的關係。

個人所畫的曼陀羅鮮少完全符合單一的一種曼陀羅原型圖形；組合的圖形較常出現。儘管如此，找出最像我們自己的曼陀羅模式，有助我們了解自我在與本質我的關係中所處的地位。此資訊可使我們有所抉擇，並將能量投入所選擇的心理成長過程中。

為了讓大家更了解大圓，我將以烘烤餡餅為例，逐一說明十二個階段。整個過程始於圓底端的階段一。在此，我們的餡餅師父正在熟睡且沒有作任何夢。在階段二，餡餅師父就沒有睡得那麼熟了！她作了一個好夢，夢中有櫻桃、蘋果等芳香事物；而每一樣事物的外形均無法識別，它們全都一起飛舞著。

到了階段三，她睡醒了，她有著一股不明所以但又無法抗拒的衝動，想要開始做某些事。然而，她不知道自己要做的事是什麼。在階段四，餡餅師父回家看媽媽，並向媽媽學做巧克力糖。雖然她樂於參照媽媽所傳授的方式做巧克力糖，但是到了第五階段，她的內心激起一股能量，於是她懷抱著希望與疑惑離家去探求她自己的方法。在階段六，她悟出自己真正想做的是餡餅；也就是她想成為一位餡餅師父。於是，她開始接受教育及培養技巧。她成為發揮個人本領、價值及有自己想法的人，且個人的意願又能不與父母的喜好相悖。

階段七，她的準備工作已俱足，她已是訓練有素、具備做一位餡餅師父所需的技巧及特質。階段八，餡餅師開始上手做餡餅，她已在落實階段二所述的夢想。

階段九，她已將餡餅完成，並產生實現某項計畫的滿足感。但儘管她沈醉於成功的喜悅與滿足中，她卻十分清楚自己所做的餡餅不可能永遠不變質。階段十，餡餅師父的

以烘烤派說明大圓系統的各階段

曼陀羅大圓系統的原型階段（凱洛格所繪）

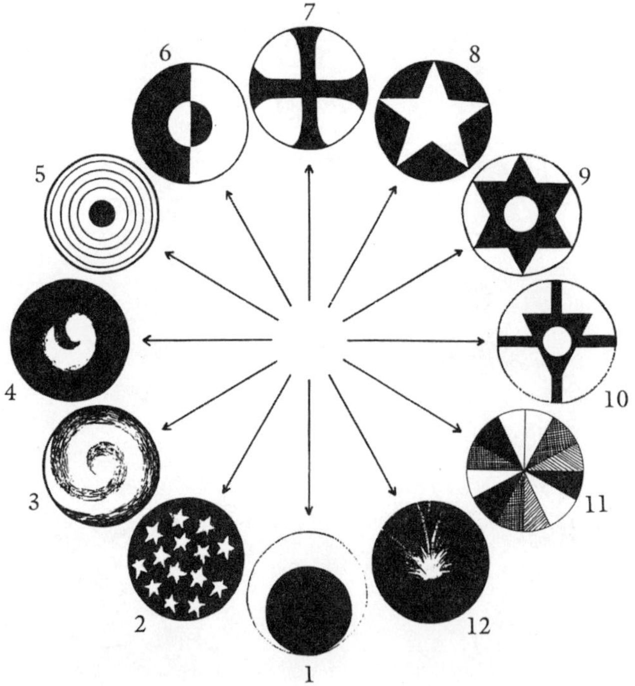

(1) 空無期	(2) 喜悅期	(3) 迷宮期／螺旋期
(4) 開端期	(5) 目標期	(6) 矛盾衝突期／蛟龍相爭期
(7) 圓內外加四方形期	(8) 自我功能期	(9) 結晶期
(10) 死亡之門期	(11) 分裂期	(12) 超越狂喜期

喜悅漸褪，她感到若有所失，不確定自己下一步該做什麼。

在階段十一，她的智慧增長，悟出自己必須要切開餡餅，與朋友分享著吃。如此一來，讓她從整個過程收穫良多，並將個人所體驗的精髓包含於階段十二內。階段十二，她回顧做餡餅過程中所獲致的滿足感。然後，她又開始睏倦，很快的，她再度入睡，再作其他的夢，並開始另一回合的大圓循環。

從此例可得知，各階段均各有任務或挑戰，且皆具有意識及情緒上的獨特性。各階段也有自己的觀點及所抱持的前景。一旦我們發現自己再重返某一階段時，先前發生在本階段的所有經驗就會引起我們的共鳴。於是，我們便有機會將過去的經驗重新修正，然後運用於今，並將過去及現在的經驗相結合為和諧的模式。

且舉餡餅師父為例。假設她第一次動身前往學校上課時，尚未完成此次就學所需具備的一切先修功課，那麼當她於稍後的第六階段，回到學校研習製餡餅的課程時，她就會聯想起先前的經驗。她當然能夠將目前的現況與過去的記憶劃分清楚，而完成未竟的功課，並以活在當下這般嶄新的態度來面對先前的經驗。

餡餅師父的例子闡述了大圓的十二階段。大圓系統一如艾丁格將自我及本質我之間的關係概念化一般，均是用來形容個人成長的一種連續性的循環模式。將兩種方法相比較後，我們會發現，艾丁格系統中自我與本質我呈現疏離的關係，恰似凱洛格之大圓系統的階段一。艾丁格的圖表內自我——本質我密合的關係，可以比作凱洛格系統內的階段七。而大圓系統的其他階段，則落於艾丁格圖表中自我與本質我的關係之間。

既然各位已對大圓系統的各階段有了概念，我打算更詳盡地探討各階段。我將會描述與各階段有關的各種經驗、階段性任務、意識品質及相關的情緒。我除了以文字描述各階段外，也會附帶用凱洛格所歸納適用於該階段的曼陀羅典型圖例加以說明。各位在研究大圓系統時，請切記各位所繪的曼陀羅鮮少會與這些圖例完全類似。你也許可以從你個人的數個階段中，發現曼陀羅的特徵，而你的經驗則多半會與你的曼陀羅類似的各階段相去不遠。

曼陀羅大圓系統的原型階段：一、空無期；二、喜悅期；三、迷宮期／螺旋期；四、開端期；五、目標期；六、矛盾衝突期／蛟龍相爭期；七、圓內外加四方形期；八、自我功能期；九、結晶期；十、死亡之門期；十一、分裂期；十二、超越狂喜期。

第一階段：空無期

「空無」令人想起你我人生最初期的記憶——出生前以密碼形式存放在細胞體的記憶。本階段令人想起現實環境分割為二元對立之前的經驗。就神話的用語而言，階段一象徵宇宙中黑暗與光、善與惡、男與女區隔的時刻，它象徵憑添人類生存特色之二元對立的開端。

神祕學家回歸此心態，然後超越心的形式及種類而流動，以達到非二元的超越狀態。就心理學而言，它與胚胎位於子宮內的心態類似。當我們從大圓系統上一回合循環的終點再度進入階段一時，那麼階段一之前的不定形、非二元對立的狀態，就宛如一次顛峰經驗般飛逝而過。凱洛格稱此階段為「空白狀態」（The Whitevoid）。它象徵達成神的意識之境界。一個人一旦體驗空白的狀態，就會感到獲得救贖、充滿喜悅，感受到自由、和諧、愛及狂喜。曼陀羅所指的空白狀態，往往在曼陀羅的中央有一處充滿光澤的白色區域。

當一個人進入階段一，有時會感到如墜入黑暗的深淵內。我們可以將此比喻意識進入物質的特點。本階段可與供煉金師展開作業的黑色原料相比。凱洛格及狄李奧（Dileo）形容本階段為「陰暗的空無狀態」，它是一種充滿無知、陰鬱、困惑、疏離、痛苦、苦悶、鬱結及意識，墜落至物質界的局限空間中。就某方面而言，階段一類似睡眠狀態，因為動力功能、心智過程及情緒似乎均受到壓抑，而令我們產生壓迫感。我們因而變得善忘，此階段的生命宛如一場清醒的夢，而你我皆是夢遊之人。

某些人對於終極的狀態心存信心，因此可以在此階段放寬心，但不論如何，它往往是一段難以面對的時期。階段一的世界觀類似一隻魚的眼界——在水中往上看無意義的水面。階段一的任務則是不停地等待、保持信心、信任、耐心面對自己不佳的表現。

面臨此階段的人所創作的曼陀羅，將是充滿陰暗甚至可能是全黑的色彩。有時候，可能僅是畫個留白或色彩極暗淡的圓。此時所畫的曼陀羅圖案不是寥寥可數，就是根本全無。部分原因是對面臨空無狀態的人，繪畫將是不易之舉。

階段一喚起一個人在子宮內的記憶。若我們的人生初期因在子宮內無法發育健旺，或因子宮的環境無法維持所需的養分而充滿不安，則當我們重新面臨空無狀態時，就會創作出黑白混合或結合藍色與黃色且類似蛛網狀圖案的曼陀羅。蛛網圖案象徵胎兒與子宮壁的連結關係。

有趣的是，在印度及無數美洲土著部落的創世故事中，蜘蛛的地位頗為突出。據說，經由牠細膩、有節奏的編織才創造出宇宙。羅勃．強森指出，蜘蛛及蜘蛛網象徵一股能量的來源，因而產生進化的曼陀羅。當我們創作蛛網圖案的曼陀羅時，也許就是回過頭去治療人生最初期的經驗，並重新塑造對當下現狀的看法，展開大圓內的道路。

「空無」是你我成長週期的起步；它是我們從精神邁向物質，開始平衡人性對立衝突的階段。此階段的曼陀羅有時候恰如北極雪地般的冷峻、疏遠，許多的活動均是暗中進行的。

階段二：喜悅期

第二階段稱為喜悅期。本階段與子宮內的經驗一致，是一種喜悅的連結及包含一切的狀態。此時的意識不集中、愛夢想，且對於自我界限缺乏清晰的觀念。我們一如還在母親子宮內的嬰兒一般，不清楚也不在乎本質我為何物；所關心的只有喜樂的經驗而已！本階段存在無限的可能性，但也是處於行動中斷、行事被動且心境如夢一般恍惚的時期。

本階段的觀點多少不具人格且閒散。除此之外，總是被動地享受宇宙中的樂趣。我們認同一種「參與式祕法」（Participation mystigue）的宇宙節奏。凱洛格發現，本階段強調相信內在之神的信念。因為神以極真實且撫慰心靈的方式，無所不在。然而，若一個人在子宮內的經驗是負面的，那麼重返至本階段就可能不那麼愉悅了！

喜悅狀態的特徵是水的意象，水具有豐饒、肥沃、受胎、淨化及溶解的作用。神話中將此階段描述為神的精子藉由太陽的金色光，落在原始女性特質的非活性藍水之上而流洩出來。傳說中會自我創造及毀滅的蛇，也可用來象徵喜悅的狀態。

本階段的任務始於區別不計其數的可能機會，我們必須捨其他而就一，如此一來，有時侯會令我們十分傷感。然而，在大圓系統的某一循環未雀屏中選者，也許稍後又會自行出現，而我們也就有機會促其發展了。

處於喜悅狀態的人通常會創作出缺乏圖形、圖案設計頗見流動感的曼陀羅。我們往往可以在曼陀羅內，看見如星星般散布、不計其數的微小圖案。有時候，整幅曼陀羅看起來像魚卵、微生物或奇花異草遍布的水族館，它意謂了肥沃與豐饒，但是並不清楚正在培養、發展何物。

此階段的曼陀羅色彩多為藍色、黃色、淡紫色及淺粉紅色，在這些曼陀羅內添加一抹紅色，則是用來強調生產力；比如受胎的鳥蛋蛋黃，即是一例。暗藍色是本階段負面經驗的寫照。但凱洛格也發現若是處於更需謹慎以對的知性經驗者，他們的曼陀羅內往往會出現具有白點或星形圖案的深藍色及淡藍色。

第二階段的喜悅狀態是一種莊嚴、平和的境界，你我有如在溫和的水上世界搖盪一般。時間緩慢的流逝，而我們一直處於愛意無盡且被愛的喜悅中。居於這種昏昏沈沈、黎明前之生存環境的我們，幾乎不曾發覺自己已喪失無比重要的個性了。

第三階段：迷宮或螺旋期

階段三宛如你我在子宮內經由臍帶與子宮的連結關係，它也令人想起在生產過程中，切斷你我與臍帶的連結關係。階段二如夢一般被動的狀態，到了階段三變得活潑了起來，一如嬰兒滿心喜悅地開始在封閉的子宮內呼吸、舒展四肢及移動一般。神話上將在迷宮內生命的胎動，形容為上帝在海水上吐氣，動搖整個宇宙，並形成生命的誕生。

階段三的意識是清醒的、直觀且集中的。在階段三個體的意識或統合感已開始脫離「參與式祕法」——階段二的特徵。誠如凱洛格及狄李奧指出：

> 某顆星或某個體意識最後會在階段八的「自我功能期」，從無數的繁星及無數的潛意識中出現。彼刻就完成前半部的旅程了，而你我也將從普遍地意識到達單一個體化的意識。

如迷宮螺旋狀態是個體化意識達到顛峰過程之始。處於階段三者，將會感受心靈內的生命力活絡或重新活絡了起來。本階段是旅程的開端，然而旅程的最終目的地仍是個謎，這是一種不清楚所尋找目標為何物的探索。

在前兩個階段還未見成形的宇宙，如今已區分為迷宮的頂端及底部。神話中這種劃分意識層級之舉，用來象徵由神祕道路所連接的不同世界。而這些神祕道路包括：通往聖杯之堡（The Grail Castle）之路、巨獸之腸、通往天國的階梯或生命之樹。

神話的世界反映了巫師及神祕學家在不同的意識階層內的體驗。年輕的巫師在入會儀式中，將獲頒一條臍帶，因而將它直接與宇宙的某一定點相連。諸如此類虛擬的連結關係，象徵他們從某一狀態進入另一狀態，並且也可作為一種意象，用來協助他們從內心之旅平安歸來。

居於迷宮內的我們，變得很清楚各層的意識。我們可能會發現，竟然會記得所做的夢；可以敏銳地感受出所愛的死者出現；或對於個人、人際關係及生活事件的神聖面有了嶄新的認知。儘管如此，我們仍然缺乏軌跡明確的能量，可讓我們從該定點執行能量，所以我們還是不能將知識轉化為行動。自我的界限則呈現模糊狀態！我們不具有界定清楚的本質我觀念。

位於迷宮內的我們會感受到一股的活力，我們會發覺自己正在成長！但事實上我們在此階段的變動速度卻會令我們眼花撩亂。我們的情緒多變，恰足以反映曇花一現的統合意識。感受到某些重要的事已開始進行，使本階段的人生顯現出它的意義。

探訪異常之意識層面的巫師，需將在迷宮內所得到的知識帶回，然而用族人可領悟的方式與他們分享。而你我在階段三的任務也與巫師所面臨的挑戰類似，我們要將從各種不同心態、夢境、靈感所獲致的訊息，轉換成他人能夠理解、欣賞及運用的形式，並加以組織整理。經過這一番艱苦的努力後，我們也能使自己有了新生。

迷宮期的曼陀羅呈現螺旋形圖案，且往往意指深度或空間。此階段的顏色往往是象徵春天的淡色系，例如淡藍色、淡紫色及粉紅色，但是民族特有的鮮明色彩也頗為常見。而象徵不斷生長之植物或藤曼的綠色螺旋形，則是常見的圖案及顏色。彎曲的線段是迷宮期曼陀羅典型的特徵。這些曼陀羅均無顯著的中心圖案。凱洛格發現，若迷宮期的曼陀羅在白色上方涵蓋了黑色線條，則象徵在時空連續下之過程的開端，綿延不斷的靈魂或靈，以及靈魂或靈貶入物質或幻象（Maya）內。」

迷宮或連續盤旋階段，是意識升高的時期。我們會感到能量逐漸增加，且有一股想要變動、創造及轉化的欲望，它是展開一些重要之事的時期。凱洛格表示：「它是為了要尋求具體表現的捨棄階段。」迷宮是探索宇宙之地，它令我們甦醒、進而發現世界是一奇異、奇妙且神祕的地方。

階段四：開端期

第四階段稱為開端，它象徵階段三無數可能機會中僅選其一的抉擇，並顯示了唯一的選擇已開始進行、發展了！它令人聯想起嬰兒脫離母體的養分而獨立面對社會。儘管孩子與母親已非為一體，但他仍然未脫離母親的世界。

此階段反映出開始萌生的本質我意識，以及相信自己是獨一無二個體的信念。當我們歷經本階段時，自我的基礎就會拆解或是重建。處於第四階段的我們喜歡得到嶄新的、年輕的及仁慈親切的照顧或教育。在此階段，自戀及執著頗為常見。當我們致力於短暫恢復正面的母子關係時，就會變得被動且倚賴。

宗教的傳統往往運用嬰兒期的正面記憶，向我們灌輸上帝是一位慈愛的父母，並且賜給我們一切所需的養分與看顧。有趣的是，圓心內一點這個用來代表上帝的古老象徵，很容易讓人以為是乳房。然而，此一曼陀羅圖案卻與基督教教堂的圓花窗有別，因為兒時基督的形象往往置於圓的中央。圍繞在耶穌周圍的，是一朵用來象徵聖母馬利亞的圓花。

開端期的任務就是要推崇新階段的成長，以及成為自己的好父母。你可能會想要特別的注意飲食、確保自己得到適當的休息及運動，以有益健康。這是嬰兒期的心理空間，你可以隨時重返此地重新開始。而你所面對的挑戰則是，如非必要，否則勿再固守或執著於嬰兒期的行為。

處於開端階段的人所創作的曼陀羅，往往會出現諸如：一點、一個圓、一個胎兒或一個正三角形的一個中心。而一艘漂浮在平靜海面上的小船，也是本階段另一典型的圖案。有時候，數字「8」會出現在這些曼陀羅內。這意謂了母親與嬰兒之間的關係密切。若你的曼陀羅內涵括一個圓，那麼也許你想表達上帝進駐在裡面，你可以因此而獲得新生。階段四內的曼陀羅內，往往會出現彎曲的線；色彩則偏向為淡粉紅色、淡紫色及藍色——尤其當你對嬰兒期的經驗充滿懷舊之情時，更為顯著。

開端階段是一段易於充滿信任感的浪漫期，此一輕鬆愉快的階段，重新找回了嬰兒期的光束，我們一如坐在母親膝上備受尊崇的小王子或小公主般的喜樂，有些人甚至可能會受誘惑而樂不思蜀，想要一生都待在本階段。這樣的想法是錯誤的，因為我們背負著繼續前進的使命。若意識的分化勢在必行，那麼我們就必須得脫離父母。惟有如此，我們才可以獲致個體單獨的意識。

階段五：目標期

第五階段稱為目標期；它反映了從階段四狹義的喜樂狀態中急遽改變。目標期令人想到蹣跚學步的小孩對母親所存的敵意。它道出了比嬰兒期更早與「他人」相遇的情緒——當時子宮開始收縮，迫使小嬰兒離開舒適、安樂的環境。這雖是不愉快的經驗，但卻是不可或缺的過程，如此一來方可以開始脫離舒適的樂園，建立個人的身分。

本階段的意識反映出本質我的認知——不明所以的以為自己正在受苦。面臨第五階段的人，投射反應是本階段典型的行為，我們經常會將自己的憤怒及挑釁歸咎於他人。

我們會感到脆弱、憤怒、氣憤、偏執及焦慮，覺得自己好像是惹人厭的目標或對象。有些人可能會訴諸奇想，以便維持安全感。我們也可能將自己想像為比事實上更有力量的人。儀式及慣例是讓我們產生秩序感的重要方式。

我們若從目標期的觀點來看世界，那麼世界將是危險重重之地。與第四階段相反的是，我們可以將本階段形容為負面母親的經驗。我們在第五階段的任務是，勇於面對內心的恐懼，以矯正我們所投射於外的情緒反應，並放棄達到嬰兒期的喜悅狀態——要脫離此狀態需要耗費許多的能量，因為我們必須放棄與母親合而為一的夢想。我們可將第五階段比喻為煉金師的容器；在轉化過程出現之前，煉金師總將物質元素緊緊的密封於容器內，然後讓容器不斷增壓。

面臨階段五的人所創作的曼陀羅類似一個標靶，許多顏色及圖形所組成的同心圓從曼陀羅的中心向外發光、照射。有時候我們得將曼陀羅想像為一個球體，才能認出它是採用標靶的圖案設計。此階段的曼陀羅顏色傾向於鮮明亮麗，且不調和的色彩組合往往並列。

儘管我們很難對目標期發表正面看法，但是本階段所面臨的壓力的確是成長所不可或缺的過程。誠如凱洛格及狄李奧指出：

> 正是處於這種二元對立、矛盾衝突、焦慮憂心及衝突不睦之際，才能使人心超越它的限制。為了改造我這種巨大意識束縛的老師給他上了一課：「在你獲得新生之前，讓我先看一看你的面貌！」人類可以藉由走進顯然不可能存在的爭戰中，而終能超越極限。

階段六：矛盾衝突期／蛟龍相爭期

第六階段稱為矛盾衝突期／蛟龍相爭期。相爭的蛟龍是象徵原型父母的形象。原型父母在我們的內心深具影響力，一如將我們現實中的父母所下的指令內在化。我們面臨的掙扎是，將身為個體意識媒介的「自我」，從父母觀念的母型中脫離出來。

屠龍是比喻使自己從父母所強迫灌輸的集體價值觀及內驅力中解放出來。我們可能會視母親為集體內驅力及直覺的媒介；視父親為他所處年代的價值觀及傳統觀念的傳達者。一旦完成這種英雄式的行為，那麼原型父母則又呈現不同的面貌。誠如紐曼（Neumann）指出：「敵意、力量受限的情況不再存在，取而代之的是，他們以同體的姿態相隨，對我們的人生賜福，且我們將如勝利英雄之子（或英雄之友）般，在工作上一展長才。完成這種內心的功能後，將可以使我們在現實中與父母的關係變得自在。」

我們透過蛟龍之爭期，發展獨特的本質我觀。按理說，這一門功課應在青春期時完成，然而，我們卻返回此狀態無數次，重新面對此經驗。本階段的世界觀類似年少氣盛之英雄的視野，又好比是向諸神盜火的挑戰者或與巨人歌利亞作戰的大衛。第六階段的任務是停止對父母提出童稚般天真的要求、冒著違抗父母之意的風險，為自己的人生承擔責任。

在蛟龍之爭期往往會感到疏離、恐懼、孤獨、得意、憂鬱、興奮及快樂的情緒。我們將在此階段面臨離開樂園的經歷，且也將為此事感到傷悲。然而，我們也仍會存有冒險向前的意識，並且因此起而行。當我們被迫面對生活中的矛盾，且必須忍受內心二元對立的緊張衝突時，往往會令我們的內心掙扎不已！

處於第六階段的人所創作的曼陀羅，多會出現一分為二的圖形。此外，第三個物體或圖案，往往會重疊添加於這兩個分割物的中間。蛟龍之爭階段的曼陀羅，有時侯會是風景圖。地象徵母親；天空則象徵父親；位於曼陀羅中央升起的太陽象徵自我的誕生。

寫景的曼陀羅通常運用大自然常見的色彩；另有一些蛟龍之爭階段的曼陀羅，是採用鮮明光亮的色彩。補色也有可能並列出現，令人一看則感到活力四射。而這些曼陀羅內一分為二的圖形，往往僅是由直線來切割；其他大部分的線條則為彎曲線。有時候就連中央的切割線也是彎曲線——如中國的八卦。

第六階段是內在衝突期：有時候衝突也會出現在我們的人際關係中。歷經蛟龍之爭的階段後，我們可以在內心區分自己的特質，以便產生嶄新的本質我觀。本階段可謂充滿了能量、熱情、變化且令人倍感興奮的時期。

階段七：圓內外加四方形期

第七階段稱為圓內外加四方形的階段，本階段的特徵是自我已完全建立。此時，就會產生強烈的自治、自律觀。在這一階段的人具有學習、計畫及去愛的能力，這是因為自我已與本質我合而為一，因此，在本階段得意及自負頗為常見。

二元對立的衝突，透過圓內外添加四方形邊的方式，得以迎刃而解，因此，在本階段不會再面臨第六階段的拔河之爭了！這好比是將父母歸還給父或母彼此。而我們則已將一位功能運作完整的成年人所需的父或母特質，融合於我們的內在。在前幾階段感到興致不高的性慾，成為本階段的重心，藉以生育下一代。因此，處於第七階段的人可以準備擇偶了！

在本階段，母親及父親的力量可以達到均衡。我們能觸及內心的積極面及被動的接納面；不再感到受箝制；我們能夠主動採取行動，而非只是被動地接受他人的行為、動作；我們已做好行動的準備，而非只是靜觀變化而已。

本階段的前景最佳。意識狀態如正午的太陽般明亮、熾烈。此外，強調思考及理性。第七階段的任務是盡力實現所追求的目標，例如：找到心靈契合的伴侶、發掘終身的事業，然後全力以赴、毫不鬆懈。

本階段典型的曼陀羅圖形具有以數字「4」為特徵的圖案設計；如：十字形、四方形、星形及具備四片花瓣的圖案均頗為常見。這些圖案象徵男性（直線）及女性（圓內的彎曲線）的結合。有時候，我們也可能會創作出完全金色或類似太陽般黃色的曼陀羅。這似乎是受到自我及本質我密合所導致的幸福感所激勵。在本階段若對常見的自負產生負面反應，則將使我們貶降至大圓系統上相對立的一端。

第七階段是大圓系統內的樞紐；第七階段以上的階段具有曲線特徵。與父母之間的關係，尤其是與母親的關係格外重要。我們可能會將大圓系統的左側形容為母權制；而將大圓系統的右側形容為父權制。隨著由母權制移轉為父權制的變化，我們便能達到強調技巧及現實的階段。階段七至階段十一的曼陀羅多出現直線。

在第七階段，我們會擇善固執。此時是我們開始根據自己的價值觀而活。在我們的個性成形的背後是本質我——驅策我們完成個人使命的力量。在階段七，我們的意識態度深受本質我的原型所影響。我們藉由本質我的力量，勇於成為真正的英雄，全力達成高遠的理想。

階段八：自我功能期

階段八稱為「自我功能期」。本階段象徵個體在其周圍的環境有效的施展功能。從階段三展開的個體意識過程在本階段達到顛峰。我們具備了清晰的本質我觀念——建立在準確的身體意象基礎上。當一個人獨處時，不會再感到孤獨。我們積極地參與現實生活且樂在工作。處於第八階段的我們，不僅具有行動及分析的技巧，也有能力與現實社會融合，在團體內工作並將個人的理想轉化為行動。

雖然我們在此階段能夠確實認清現實環境，但自負、膨脹的情緒仍頗為常見，這是因為自我仍然與本質我的原型密合。處於階段八者的前途是，具備了在團體之內有效率工作的能力。我們忙著將自己的構思扭轉為他人能受益的形式。本階段的任務是，在個體的目標及組織的結構之間達成平衡。有時候我們必須善加掩飾，將個人計畫披上符合社會標準的外衣。

本階段是動員意志力的重要指標期，有了意志力，就會萌生主宰個人命運的責任感。處於本階段的人開始在社會上扮演積極、主動的角色，並扛起選定的重擔。與功能性自我有關的數字「5」，象徵了一個人雙腳站穩、雙臂向外觸及世界的姿勢。凱洛格及狄李奧寫道：「階段八象徵人類的力量。」他們無疑是想表示，人類有能力發展意志、思考、創造自我察覺的個體意識。

處於自我功能階段的人，往往會創作具有如：五角星圖案或五片花瓣之花朵圖案的曼陀羅；「卍」的圖案也頗為常見。只有四個臂狀線條的「卍」加上中央的一點，則形成五元素，而出現於本階段的曼陀羅內。「卍」融合了運轉、變動的原理，且強調本質我是力量及效率的核心。

第八階段是無數活動朝向明確界定之目標邁進的時期。我們認識自己、知道自己想做什麼，也具備完成目標的技巧。以父權社會而論，處於第八階段的我們最具生產力。

階段九：結晶期

又稱為結晶期的第九階段，是完成重大創造計畫的寫照，諸如開創新事業、開闢一座花園或建立一個家，此外，也包括達到某一程度的內在修為。從本階段起，激發意識活力的力量開始趨緩，這是因為我們的創造活動已接近完成階段。

諷刺的是，在我們的成就處於高點的同時，我們竟開始感覺自己難逃滅亡的噩運。在遵循父權社會的標準完成目標後，我們必須服從自然律：一切萬物終將滅亡。一如薔薇在最璀璨的時刻過後，花瓣便開始凋零一般，人類的成就也勢將收斂，且失去一度顯現的光芒。結晶期所面臨的任務，就是豁達地盡情享受我們的成就，但勿留戀其中，以便時候到了可以瀟灑地捨棄。

結晶階段概述父權社會的原則。起初是原創性的行為，經過不斷重複後成為標準化的程序。一群為落實個人理想所設立的團體，進一步成為具有架構的組織。神祕家畫於紙上的影像，隨著時間累積逐漸成為禮拜儀典的形式。人類最美妙、優雅的作品均是依此方式形成的。

榮格推測，印度及西藏的儀式用曼陀羅，最初即是源自於諸如此類的個人經驗。這些曼陀羅已導引無數的世代進行冥想與禪定，它們走出複雜、糾結的幾何圖案組成，而這些圖案則道出了以觀想下的混沌事件為基礎的宇宙秩序。基督教堂內的圓花窗原本也可能是神祕家對上帝的幻影，然後用精緻、絕妙的花瓣圖案作為象徵。冥想這些儀式用的曼陀羅，令人感到舒暢。

處於第九階段的人所創作的曼陀羅，多傾向為可愛的、互相對稱、協調的圖案，其中還涵括大於「4」的偶數。這些曼陀羅具有一中心及從中心向圓周擴散的投影設計。六角星或八片花瓣的花朵，是本階段常見的圖案。這些曼陀羅多呈現靜態，然而耀眼且靜態的表現手法，卻彷彿能捕捉剎那的時間。它們表達了「存在」感而非「動」感，因此正是本階段創造能量逐漸趨緩的寫照。

結晶階段會是在理性的思考及感性色彩之間，取得怡人的平衡。複雜糾結的圖案必須經過規劃、測量及謹慎的繪製才能展現成功的結果。此階段的曼陀羅常見變化多端的色彩，這是特定用來強調秋季中黑暗及光亮之間的對比。在本階段對色彩的運用要比其他任何階段，對於個人形成更深的意義，因而真正具有啟示作用。我們對本身所運用之色彩所產生的聯想，將會透露出處於成功顛峰但即將走下坡的心態。

階段十：死亡之門期

第十階段稱為死亡之門期，顯示生、死、再生的大圓循環的熵之始。本階段象徵循環的末端。舉例而言，它可能代表已實現了為人父母的職責、完成某項計畫及屆臨退休。死亡之門也可能透露著盡頭、死亡；自我成為心靈中心——或至少短暫的躍登其位。階段十可能揭露了原本為心靈生活真正核心的本質找地位已動搖了！

在死亡之門的階段，一貫的生存方式變得死寂、空虛及無意義。一度完美的生活卻令人感到又不對勁了！反而感覺像洩了氣似的，這是因為自我及本質我的關係愈來愈疏離。凱洛格寫道：「死亡之門象徵過時的意識內容消逝及變動的痛苦。」

中年危機是階段十典型的事件，失落感、憂鬱及絕望在此階段頗為常見。面對死亡之門者對未來感到受束縛、無助且被迫犧牲奉獻。我們可能蓄意做出受虐的行為，來捱過本階段。本階段的任務為重新評估人生目標、捨棄個人不合時宜的想法以及忍耐捨棄之苦。

經歷死亡之門階段的人所創作的的曼陀羅中，往往會出現暗指精神之苦的十字架，而曼陀羅的各象限顏色均不同——這象徵分裂。有人會讓這些曼陀羅內出現第五元素的圖案，以象徵分裂。也有人會讓這些曼陀羅內出現五元素的圖案，以象徵統一的核心。凱洛格發現，第十階段的曼陀羅具有第五元素：「痛苦成為狂喜，且顛峰經驗也伴隨而生。」此外，也往往會出現圓輪圖案——用來象徵痛苦及生命之輪無情的流轉。曼陀羅內若含有X的圖案，則道出此人正位於十字路口，難以抉擇。而倒三角形也很常見，它象徵「在追求新生的過程中，貶入了潛意識的領域內」，本階段典型的顏色是靛藍色及紅色。

第十階段，我們的注意力從團體轉移到自己身上，變得愈來愈留意自己的內心世界。我們發覺自然循環的冷酷無情——衰微腐朽及死亡均是不可避免的事。套句密斯特・艾哈特（Meister Eckhart）的話，本階段就是：「一切隨緣；一切隨上帝的旨意吧！」

階段十一：分裂期

分裂期是一段恐懼、困惑、無意義及迷惑的時期，處於本階段者的世界已分離。在本階段所產生的心理不安，可能會導致身體的不適，諸如：反胃作嘔、痢疾或厭惡光線。我們會發現自己在本階段的意識狀態不變——直覺變得占主導地位，而不考慮事情的演變。

分裂期是靈魂真正的暗夜。處於本階段的我們，世界變得不再合理；我們感覺自己被一股無法阻擋的無情力量牽著鼻子走。我們飽受一些怪異的、令人心驚的、聲名狼藉的不速之客所侵擾。凱洛格及狄李奧發現：「本階段充斥了超個人的經驗、夢境以及不斷出現殘廢、死亡、痙攣、斬首、屈辱、崩潰、閹割等幻想。」本階段的任務是捨棄、正視陰影、傾聽妖魔的話，簡而言之，就是讓先前的秩序瓦解。

處於分裂期可以像面對淨化期一般，凱洛格及狄李奧解釋道：「先前各階段所遇到關於意識發展的諸事件，如今又再碰到一次，然而這一次，我們不再受到制於它們，已可以從中解脫而出了！」在此階段，我們必須再度面臨徹底失落的經驗，且脫離喜悅單一體的原始狀態。我們要在內心讓暴力及侵略的暴行再度重演，如此一來，我們才能對這些暴行不復記憶。

本階段典型的曼陀羅圖形看起來像切片的派，且每一片顏色均不同。有時侯，曼陀羅看起來像是一條毫無秩序感及調和感的破棉被。這些曼陀羅均無中心。曼陀羅內的色彩偶爾會是層層相疊，使其乍看之下顯得混亂、雜亂及刺眼；而這是分裂的寫照。第十一階段的曼陀羅顏色不是陰暗、混濁的色調，就是顏色過度鮮明及引人產生幻覺。

我們透過分裂期再度貶入母權體系內。在神話上而言，一隻邪惡、強而有力的巨獸阻擋在這條通道的中間，它毀滅一切有形狀的物體，以便使該物體再一次回到無形狀態。只要記得這是導致奇蹟般重生不可或缺的自然過程，就能令人釋懷了！深度秩序的信心，終將帶領我們度過這個轉型期。

階段十二：超越狂喜期

超越狂喜期代表欣喜的返家——分裂的自我得以嶄新的重組。在此階段，自我是一透明的意識區。我們雖清楚這一點，但是也察覺到與較崇高的本質我力量維持關係無比的重要。我們的心靈生活圍繞著真正的中心而組織，自我則是用來表現本質我的力量。由自我所運送的強烈能量，往往會形成顛峰經驗。

在超越狂喜期，我們沐浴在喜悅、和諧及受尊崇的情緒中。我們非但不像在第十一階段那般，感覺先是侵略的力量，反而沈醉在迷漫著光的環境中。曾經令人感到不安的矛盾衝突，透過諸如恩典這種非理性的方式，得以迎刃而解。整個世界顯得完美無缺，而你我既是其中最重要也是最渺小的元素。階段十二令人想起煉金術的第五元素——一種經由無數複雜的程序而形成的高度精煉綜合體。

超越狂喜的能量，可被概念化為居於脊柱底部的拙火之蛇的覺醒。拙火之蛇穿透脊柱向上伸開盤蜷的身軀，然後如美麗花朵之姿到達頭頂上方，來釋放它的能量。隨著能量沿著脊柱向各輪輸送，原本抑制能量自由流動的限制便一一盡消了！於是，意識變得警醒，充滿活力且到處擴散。

在本階段所創作的曼陀羅象徵光源，各位經常可以看到用聖餐杯或其他容器接收從上方注入光的曼陀羅。人體保持手向外伸展的姿勢，及飛翔的鳥也是頗為常見的圖案。儘管本階段的曼陀羅作品總會有一核心的象徵圖案，但在靠近曼陀羅頂端的附近往往也會有一個焦點。

圖案可能會超出圓的界限之外；而色彩則傾向於暗與淡的混合色，例如暗藍及淡黃色相混合。與超自然經驗有關，有光澤的珍珠效果也是很常見。超越狂喜期的曼陀羅令人產生啟發性，向上提升及望而生畏的印象。

本階段的任務是一如完全成熟的果實般，感恩且謙沖的接受恩典之賜。我們將如進入黑暗中的一粒發光種子，銘記這份經驗。恰似這一粒種子將會在暗處中栽種，形成新的循環，超越狂喜的種子也將帶領著你我走向大圓系統上的嶄新開端。

大圓系統上的曼陀羅有與各階段經驗有關的典型圖形。個人成長模式不見得從第一階段開始，依順時鐘方向逐次進行。我們可能會跳過數階段或往前或往後的方向進行，此外，從其一階段逕行跳至大圓系統上位於它對面的階段，也不足為奇。

你若已畫曼陀羅多年，那麼偶爾將所有的曼陀羅作品拿出來看一看，將有助於你發現圖形之間的連貫，它將會透露出你沿著個體化之路進化的蛛絲馬跡。有時候，某一個階段出現的次數較為頻繁，這也許是因為這階段令你感到最舒服。倘若某一階段從未出現於你的曼陀羅內，則表示此階段對你而言，格外地難面對。

觀察曼陀羅及其週期性的變化，令我聯想到攀爬某一舊式磚製燈塔的塔頂。這一又高又細長的燈塔，設有一個盤旋而上的樓梯。燈塔的每一層具有一扇窗戶。當我從樓梯拾級而上，總會俯看窗外，察看自己離地面多高、天空的景致是什麼樣子，以及太陽往何處照射。每轉一圈，窗戶就幫助我定出自己的相對位置。

各位的曼陀羅就像你們內心世界的窗戶一般，當各位沿著個體化的道路盤旋而上時，它們將會協助你找到自己的相對方向。藉由你在自己曼陀羅內的發現，將能激勵你以更豐富的意識、領悟力及讚賞的態度來過自己的人生！

7.
曼陀羅小宇宙

繞圓起舞

神奇的曼陀羅捕捉了瞬間的時刻，眞實地反映我們的心路歷程！
在莊嚴敬畏的圓裡，增添色彩及圖形；
沿著圓周綿延不絕的趨近後又遠離，永不止息，
不斷地縮短及延長距離，優雅地向我們的靈魂靠近，
任由坦懷的虛心及空間目睹「光」再度照耀、圓輪再度旋轉。

我已在前幾章介紹曼陀羅及曼陀羅的用途，而本章將引述一些動人的故事，說明曼陀羅是發現本質我的重要工具。我們從這些人的經驗中得知，曼陀羅具有尋找內在真理、平衡能量、增進個人成長及治療創傷等用途。首先是黛比的例子。

三十歲出頭的黛比，已婚育有兩名小孩，是一位善解人意的母親，本能地提供子女許多學習的機會。隨著子女日漸長大，黛比開始思考自己的未來該如何度過？然後在夏日的某一天，她突然清楚自己的人生究竟要選擇什麼。以是下黛比所述的經驗。

分享：抉擇的時刻

我與家人一起度假。那一年夏天，我必須對自己的事業做出決定。我有機會接受訓練成為一位記者，這行業的獲利頗豐。我具備打字的技巧，也具有學習其他

事物的能力，但是內心有一股聲音告訴我，光憑如此還不夠，因為那是一份技術性的工作。

我一直都喜歡和孩童打成一片，儘管我並不是學教育出身，但我曾考慮去當老師。只不過我感覺自己缺乏當老師所必須具備的教學技巧，於是我放棄了在學校工作的念頭。然而，我依然對教學工作念念不忘。

某一天，我拿出買給孩子們的蠟筆來畫曼陀羅。蠟筆放在房子外一株樹下的桌子上。當我們樓上的窗户向下俯看待在樓下的孩子時，突然間興起一股無法抗拒的感覺；我相信教學才是我該從事的行業。我感到自己心中充滿了興奮之情，有一股衝動想要畫一幅曼陀羅。

我衝下樓去，隨手畫一個圓並著上色。我感到湧起一股難以置信的能量。彼刻，我發現教學是有組織地表達我是誰的方式，繪畫曼陀羅肯定了我想依循的方向。我所感受到的能量戰勝了我的疑惑，讓我明白在教育組織內任職是可行之舉，它並未阻擾我的教學目標及意念。

繪畫曼陀羅是一種強烈、超越的經驗。而曼陀羅本身就是該經驗的有形記憶，它令我想起繪畫曼陀羅時心中那股受到激勵、鼓舞的感受。當我注視著曼陀羅時，它使我的信念不墜。如今，我正從事教學工作，也打算參加成為一位檢定及格教員所必修的課程。

戴比的曼陀羅（圖版三）以黃色為主色。黃色往往意指直觀的洞察力、嶄新的領悟或做好學習的準備。圍繞中央黃色部分內著上了類似珠寶色的三角形數目，是五的倍數。數字「5」與實現夢想及抱負有關。重複出現的三角形圖案象徵積極的行動。三角形的頂點指向曼陀羅中央，意謂著極為強調與本質我認同。

三角形的色彩——紅色、紫色及藍色——意指能量從忠於母親的關係中解放出來。曼陀羅中央的黃色、橙色及紫紅色的斑紋，也透露了類似的傾向。女性一旦與內心的男性建立關係，不再將焦點投注於父親身上，不再自我設限時，則所創作的曼陀羅往往會出現這些顏色。這些顏色象徵了釋放出心靈的能量，以追求個人的目標。

黃色部分的鋸齒邊緣類似太陽的形狀，表達出接受挑戰的情懷。總括而論，此曼陀羅令人聯想起古代的戰場。諸如此類的曼陀羅道出英雄或女英雄勇於追求崇高的理想。黛比的曼陀羅似乎要召喚源自內心深處，試圖藉由活動抒發於外的力量。她的曼陀羅堅定地表達了她在教導幼童方面具備獨特能力的意念。

另一位女子蘇麗塔在藝術治療研討會中發現了曼陀羅，因而激發她的想像力。蘇麗塔最小的孩子已離家上大學。她的丈夫基於工作需要，要求蘇麗塔放棄目前的一切，搬遷至另一個城市居住。處於過渡期的蘇麗塔也引動了潛意識。擴展個人意識的壓力，使她力求安定的意念受到了考驗，她以創作曼陀羅作為該年變動期間的心靈倚靠。

分享：變動的一年

一直到我三十歲，我才認為自己是從事繪畫的藝術工作者。約在同時，我還清晰記得自己看著梵谷的畫冊，十分欽佩他的繪畫色彩中充滿了熱情。我心想：「我無法駕馭色彩。」現在我知道當時我的想法沒錯。色彩用一種我不能忍受的方式，將情緒外洩。但在當時，具備操縱色彩的能力意謂學會一套技巧，加以運用並贏得認可。

孩提時的我，曾是處於混沌不安家庭中的一員。因此，我的人生原則就是盡可能地避免衝突、尋求認可，以及維持掌控的權力。每當我做不到這三項原則，我就是藉由看書或看電視來逃離現實，走進虛幻的世界中。隨著我的兩個女兒漸漸長大，家庭生活的複雜程度漸減，就連操控的感覺及衝突也不復發生了！

四十六歲那一年，我參加「邁向人格完整之旅」的研討會時，才開始第一次研究曼陀羅。我曾接受一名心理諮商師治療多年——與我的家人一起或獨自進行諮商。對於像我這樣的人而言，傳統的諮詢過程將是漫長且緩不濟急的。我比較常設法用心理諮商師要我產生的「適當」情緒及反應來思考，而較少誠實的面對本質我。儘管如此，我們仍然持續配合，我也從中有所獲得。最後，我終於準備面對重大的突破。當我得知一場探討榮格的會議即將在我最喜愛的地點舉行時，我告訴自己該去參加。

我參加了由蘇珊・芬徹所主持的曼陀羅小組研討會。她僅是指示我們去畫圖，然後著色而已！但是我的心中有一個權威的聲音卻告訴我，圖案設計應有一個中心點且要能調和、對稱。作畫時我心中想到的是，突然出現一道由雲隙照下的明亮陽光，但是事與願違的，我竟然弄髒了黃色，使它看起來污點斑斑。當蘇珊問大家，是否有任何人在畫完曼陀羅後，感覺比沒畫以前更糟？我竟是整組學員中唯一舉手的人。我感到自己與小組脫離，失去我殷切盼望的認可。我所表現於外的行為，正說明了自己無法產生適當的情緒。我發現自己既無能力操控曼陀羅，也無法在創作曼陀羅時掌握自己的情緒。

研討會結束後，我至少每天畫一幅曼陀羅。我打算一整年持續地畫下去，以便能在下一次的集會時創作一系列的作品。我的確及時地辦到了！一開始，我還不能隨心所欲地運用色彩。我的意識意圖強迫下一些不客觀的指令，設法讓我的這幅「心靈之圖」所呈現的，皆是不足以反映內心，但卻是完全恰如其分的象徵圖案——不偏不倚的界限、調和均勻且不以單一顏色為主的色彩、既不會太多或也不會太零散的圖形。總而言之，我就是無法創作出適足以描繪意識縮影的作品。然而，沒多久，我將自己所知的一切「規則」擺在一旁，而任顏色自由的揮灑。

對我而言，創作單幅的曼陀羅作品，進步最顯著。我用蠟筆先畫一些圖形及塗上顏色，然後愈畫愈多，有時候我會用力的塗滿所有的空間。我著上顏色，有時候甚至會用色筆及油畫顏料一起塗色。我天天都會畫上幾幅曼陀羅，並會為每一幅作品標註日期、編號及命名。我也會挑選其中的圖形或顏色來描述自己，因而產生一些頗具啓示作用的成果。我採用象徵性語言這種零散、冗長的方式來發現自己——並非緊盯著特定的事件或針對個人的見解，而是用如夢般感覺的情境，來解析意識及潛意識的互動。

我一度在日記及療程中面對內心的聲音，它不斷地批評或嘲弄我自認為有成就感的事。其實，要我對我自認為說實話的聲音提出質疑，並不容易。我曾藉著曼陀羅、禱告、冥想以及心理治療來協助自己，也曾將積極觀想的技巧派上用場。在一次積極觀想的研習會中，我設法面對內心負面的聲音。這聲音經常用消極、負面的看法令我受挫。

我寫道：「我完成了三幅曼陀羅，眾人皆說：『噢！好美的畫啊！』當我注視著這三幅圖，我的確產生了聯想。主持人邀請我上台，讓大家來讚美我。眾人皆鼓掌，而我則微笑以對——我對於自己的表現感到開心、喜樂。但是左邊有個聲音說：『你猜猜是誰認為你在說笑？』我很生氣，但卻怎麼也找不到任何一個人認為我在說笑。我說：『沒有人，我不會讓別人這麼想？』主持人拿了一個盒子給我——一個像禮物般全部包裹起來的大盒子。我收了下來。內心的聲音又說話了：『沒錯，就在這裡！它就在這盒子裡！』它聲調悅耳且滿是興奮地說著。我說：『那麼盒子裡面是什麼？』那聲音回答：『除非你打開盒子，否則你永遠也不知道是什麼東西？但是你現在並不適合打開盒子。』

那一次的經驗是我首次察覺到內心的陰暗面已從背面轉為正面。我感到備受鼓舞，繼續強迫自己更加深入接觸內心的聲音，卻一無所獲，然而我卻在數日後，禁不住地畫了四幅曼陀羅。

我一如以往，也是充滿困惑地開始畫著。第一幅畫內有一朵被黑色線條局限其中的小白花。第二幅曼陀羅（未曝光）的名稱是摘自鄧尼生（Tennyson）詩集中的一句：「夏洛特之女」（The Lady of Shalott）。我註明：「一旦女孩開始正面端詳人生時——並非從鏡中注視——她就大難臨頭了！」我也參考羅伯・強森所敘述的一則故事：〈銀手少女〉（*Silver-Handed Maiden*）及我在研習期間所作的夢中——我夢見自己有一雙銀色的腳，然後我看見銀色的手和腳與一個裂開的蛋產生互動。

我明白自己在那段期間情緒出了問題，但我就是不停地強迫自己更深入地往內心探求。我在創作第三幅曼陀羅時，一無是處的感覺及憤怒的情緒使我提不起勁，結果我畫出了一幅中央呈現裂隙的曼陀羅。我在畫上註明：「我害怕核心。」我也在日記中寫道：「我遭受挫敗。不想再被擊敗了！所以我放棄嘗試。每一次我停止看書或看電視，就會哭泣。我覺得自己好像一直都處於哭泣的狀態。一生都是！我只是記得自己一味地哭，或是試著不哭，或設法忍住哭泣，打起精神面對他人。我不想再這麼下去了，我不要這樣的人生！」對我而言，破壞我的作品、使我的心靈之圖破裂不全，就是在痛苦的飲泣。羅勃・強森表示，當你決定要自殺時，「好啊！但是請務必在進行此事時，不要傷害自己。」對我而言，這就是一種象徵性的自殺，代表了往者已矣！

我恢復平靜後馬上畫另一幅曼陀羅。就當時而言，繪畫似乎有必要，但就如今對我而言，則是充滿勇氣的重大之舉。我在曼陀羅上註明：「這個圓的面縮小了！它雖小但卻強而有力。」完全崩潰的自我留下了具體且恆久的痕跡。翌日，我為曼陀羅命名時並非處於極佳狀態，但自我的界限已完全消除。我有幸在體驗此事期間，能夠與麥克傾談，他的支持協助我繼續面對極端痛苦的過程。

曼陀羅這一不強調言辭的工具，幫助我處理運用言語之前的心緒。在整個過程中，一層又一層隱藏的心緒如抽絲剝繭般被掀了開來。我的象徵性自殺行為是我有必要見到的一項突破，如此一來方可避免我的情緒因長期處於痛苦的狀態，而淪落到連自己都無法面對的地步。我開始勇於接受自己生活中的這個部分；數個月之後，我結束了療程，我任自己再度在藝術的領域中探險。藝術不僅只是一項治療的工具，也能用來描述「我是誰」，而如今的我一切安好。

蘇麗塔的一系列曼陀羅作品的第一幅（圖版四），預測矛盾衝突的情緒日益加遽。她將圓分為四個區間。數字「4」通常與完整、均衡及和諧有關，但是在蘇麗塔的曼陀羅內卻找不到這些特徵。她的圖內的每一區間均充滿變動性，且各區間又與其他三個區間呈現對立，彷彿如無數的軍隊互相對峙作戰一般。蘇麗塔多採用深暗、混濁的顏色，一如曼陀羅的大圓系統上一回合循環近尾聲的分裂狀態般。該圖內的刀與箭指向曼陀羅中央，意謂自我批評的想法。

在蘇麗塔的第一幅曼陀羅中，她將黑色聯想為「陰鬱、權力及暗影」。榮格認為，暗影是指不與我們所認識的自己相調和的特質。硬要強迫讓這些受遺忘的特質公諸於世，往往會因此與自我起衝突。蘇麗塔將曼陀羅內的黑箭，形容為「強而有力的、有衝勁的，且從棕色的三角形爆發出來的力量」，看來蘇麗塔被迫承認一些一直隱藏於潛意識內與自己有關的事實。

在蘇麗塔的下一幅曼陀羅作品中（圖版五），我們看見了在藍色背景上的一朵花（包括：紅色、白色及金色）被一個黑色的盒子包圍在內。這些顏色被黑色緊密地束縛著，意指針對轉化過程將煉金器皿密封的行為。蘇麗塔感受到一個粉紅色的問號圍繞著黑色的盒子，她並不知道接下來會發生什麼事，但卻為習慣於既定生活方式的某個人感到不安！

她的下一幅曼陀羅（圖版六）繼續顯現轉變過程中所面臨的內在壓力。該圖的圖案散布且色彩鮮明，道出了強烈的情緒。黑色滲入曼陀羅的中央，而此位置也因蘇麗塔憤怒及受挫的情緒，導致她用力地畫圖，使得畫紙撕裂。作品受損恰與一個人的身體受到襲擊無異。然而，為了要讓蘇麗塔對自己建立更具彈性的統合感，必須先瓦解她內在舊有的統合機制。畫紙出現裂縫，恰如將舊有生存方式摧毀的一種儀式。她在自己的下一幅較小的曼陀羅作品中，呈現出更真實的統合感。

她在曼陀羅作品所附註的詩中，描述對嶄新本質我的認知：

黑暗中有一張面龐，
好歹我們都要去一探究竟，然而前去察看時，
我們就只能盯著瞧而已！

她無所謂地強迫自己在成長過程中，向前方挺進。蘇麗塔的下一幅曼陀羅（圖版七）面臨內心的重整。曼陀羅的圓往往是自我界限的寫照，如今卻已消失不見。在這幅曼陀羅中如流水般川流不息的顏色圍繞著黑盒子流動，彷彿要洗去陳舊的殘渣。此時的黑河子內除了一個黑點以外，別無長物，毋庸置疑的，它與蘇麗塔在積極觀想研習會期間想要開啟的那個盒子有關。

眾多色彩所框起來的盒子類似一隻眼睛，她別有用心地將眼睛的圖案納入曼陀羅內，意謂嶄新的自我已然成形。然而，蘇麗塔的曼陀羅透露在重新組織完成她的自我之前，她已面臨更激烈的遽變。約一星期之後，她創作了一幅關於彩虹經驗的曼陀羅（圖版八），顯示心靈能量徹底地重整。

蘇麗塔繼續透過她的畫，探索嶄新的結合意識。她於六星期後所完成的一幅曼陀羅

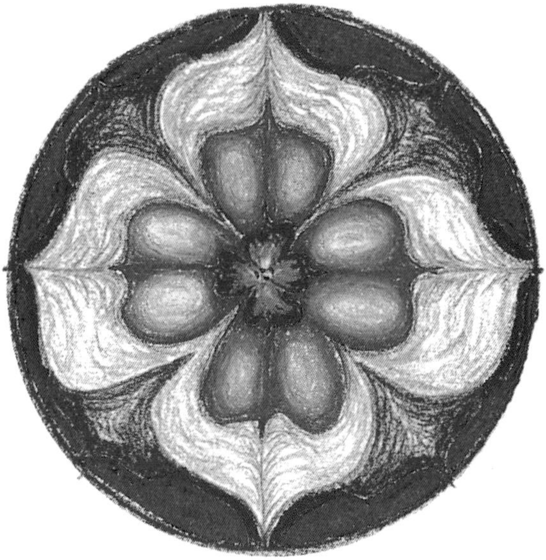

圖版（一）：海之花：一位中年婦女的曼陀羅作品。

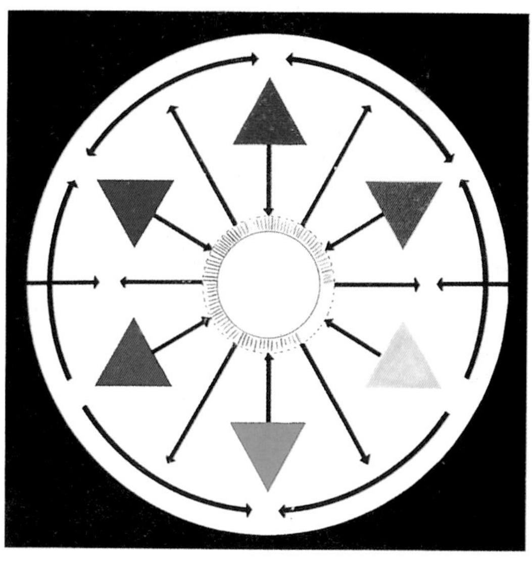

圖版（二）：顏色輪。

圖版（三）：作出重要決定的黛比所創作的曼陀羅。

圖版（四）：蘇麗塔在第一幅曼陀羅中預見衝突將會升高。

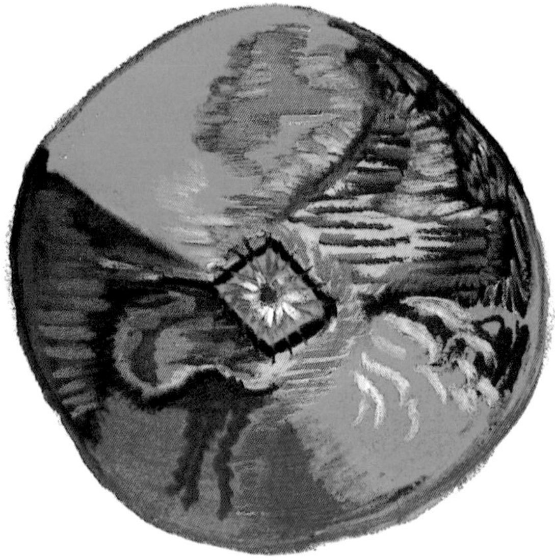

圖版（五）：在蘇麗塔的第二幅曼陀羅中，封密在黑色箱子內的花朵象徵內心轉化的過程。

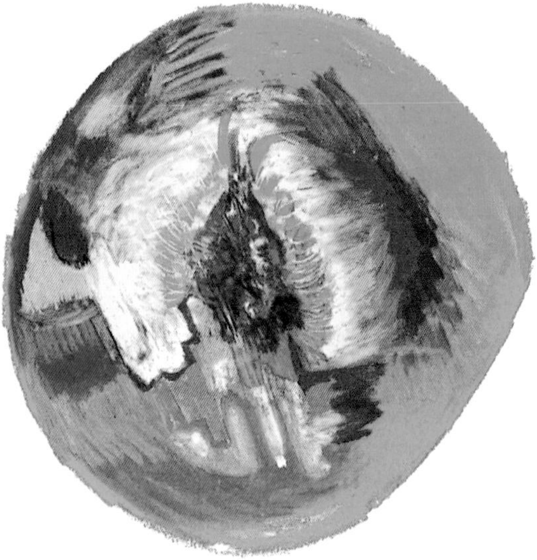

圖版（六）：蘇麗塔所創作的這幅曼陀羅因過度使力，而引起中央出現裂痕。這種具毀滅性的行為象徵一種突破，意謂向嶄新的生活方式邁進。

圖版（七）：蘇麗塔在下一幅曼陀羅中以眼睛作為象徵的創新設計，重新定出自我的界限。

圖版（八）：這一幅由蘇麗塔所繪的彩虹曼陀羅，象徵了重新且徹底整頓心靈的能量。

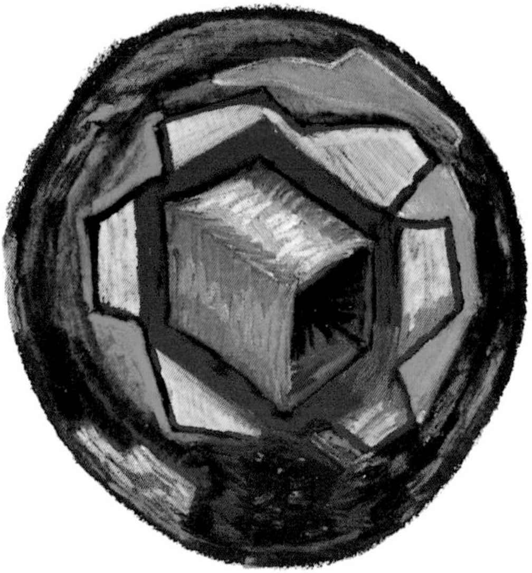

圖版（九）：蘇麗塔在這曼陀羅系列作品的最後一幅中，顯示出她正在加
強自己的內在修為。

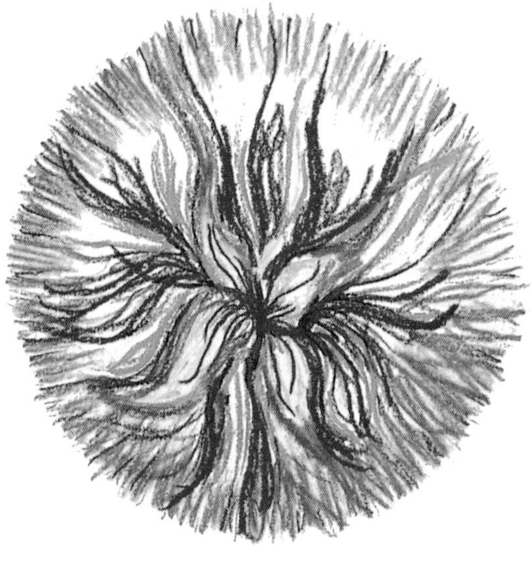

圖版（十）：瑪麗蓮在第一幅曼羅陀作品中展現出無比的能量。

圖版（十一）：瑪麗蓮藉由創作第二幅曼陀羅協助她收斂自己的能量。

圖版（十二）：羅拉的第一幅曼陀羅作品，是以無葉的樹木為主題，外加上月亮作陪襯。

圖版（十三）：羅拉這一幅曼陀羅內的樹木自根部拉出，填滿圓內空間。

圖版（十四）：羅拉以巨浪淹沒汪洋中的小船，來象徵面臨死亡的壓力。

圖版（十五）：雷射治療癌症期間，羅拉以曼陀羅作為正面的視覺表象。

圖版（十六）：在最後一幅以樹木為主題的曼陀羅中，反映出羅拉從鬼門關前走一遭，重獲健康的歷程。

（圖版九）顯示，她已將內心加以整合。一個類似盒子的藍色圖案位居曼陀羅中央，它是呈現開啟的狀態，彷彿要讓人看見內側的黑暗面。該盒子具有先前幾幅曼陀羅中類似的盒子圖案所不曾出現的三度空間。這意謂陰影中的某些黑暗面已經同化或被吸收了！看來蘇麗塔已用更具深度、更開闊的胸懷，在人格組織內發展意識的結合。

圍繞著盒子外的可能是一朵花——呈幾何狀的黃色及紅色圖形。此一類似花朵圖案的六個花瓣，意謂精神及肉體結合為強而有力的關係，它令人想起煉金術著作所述用來象徵最終目標的金色花朵。這一幅曼陀羅明確的指出，在成長過程的艱困期若能敞開潛意識，必會有所穫。它也反映出蘇麗塔發現新的生存方式，自此而後，她的感受力充沛，使她得以從不必要的限制及藩籬中解脫，並承認自己生存的價值，視自己為獨特、有才華且充滿愛的人。

另一位瑪莉蓮是一位忙碌的音樂診療師。她周遊全世界，傳授如何運用音樂及意象的課程，而繪畫曼陀羅也是她的教學活動之一。有一回，她在課堂上所畫的曼陀羅，讓她自己獲益良多。她的故事闡述了她如何藉由繪畫曼陀羅來集中能量。

分享：穩定重心的方法

我正開始要教一場為期五天、每天達十四小時的訓練課程。因此我將耗費許多能量。某一次，當我的一名助理帶領著大約十二位學員練習繪畫曼陀羅時，我也參與其中，畫我個人的曼陀羅。我完全投入，且樂此不疲。我選擇紅色、橙色及黃色等充滿活力的色彩，也為了形成對比色及基於好玩而摻了一些藍色。我運筆敏捷且活潑，讓深長的線條自未明顯界定的中央位置，爆發出來，這幅曼陀羅充滿了生命力及活力。曼陀羅的中間似乎象徵一種舞動著的圖案或一朵花，只不過它不夠顯著，不足以成為焦點，這是一幅有趣的曼陀羅。

大家將曼陀羅貼在牆壁上，以便欣賞每一幅曼陀羅的顏色及圖形。當晚上眾人離開教室時，我開始安排隔日的事務。我注視著自己那幅貼在牆壁上的曼陀羅，突然間對於我所畫的內容感到吃驚，從中央爆發出來的顏色充滿了活力及喜悅。若我視這幅畫是個人的寫照，那麼它的確反映內心正面的狀態。然而，這一天還只是為期五天之課程的第一天，我仍有重任在身，必須蓄積能量，以免一開始就感到精疲力竭。我注視曼陀羅時，感覺自己有必要抑制此能量，使它具體成形且具有秩序感。

我拿起另一張畫紙，打算開始創作一幅能反映收斂而非擴張能量的曼陀羅。一開始我先以淡藍色在曼陀羅中央畫一個小渦輪圖案，然後再於漩渦內添加淡紫色。接下來，我感覺有必要讓構造物存在，於是畫了一個六角星。我將六角星聯想為人類對上帝的渴望及上帝所施加的仁慈。六角星似乎是恰足以反映我彼時任務的適當象徵。我想要維持第一幅曼陀羅的擴張力，但是又希望圖形設計呈現收斂感。

畫好藍色的六角星形後，我就在星形的外緣添上淡紫色及紫色。每加上一層顏色，我心中的六角星結構就更為鞏固。我感覺自己的注意力已進入內心的中央位置了。星形圖案完成後，我再添加邊線，然後先著上藍色，接著再加上黃色、珊瑚色及白色。為六角星形加邊的目的是，為了記住創作第一幅曼陀羅的活力。

完成此幅曼陀羅後，我把它放在我的第一幅曼陀羅上方。前後兩幅曼陀羅形成強烈對比，讓我忍不住盯著它們瞧。第一幅曼陀羅活潑有趣，我甚為喜歡。相較之下，第二幅則顯得平靜、安詳。這兩者提醒我介入當時的教師角色，以達平衡、和諧，在我的內心均容得下這兩者。在那一個星期中，我始終注視著這些曼陀羅，滿懷感激的微笑接納它們所帶給我的重要啟示。我已能夠藉由繪畫曼陀羅的活動來修正個人行為，例如：下意識的創作足以象徵我所想要的均衡圖形。我也學會運用曼陀羅來穩定重心的新方法。曼陀羅的確是一個不可思議的圓。

瑪麗蓮的第一幅曼陀羅（圖版十）看起來像是一團火球。它象徵日正當中艷陽熱度。曼陀羅中央似花狀的圖案，看起來像是有四瓣或可能藏有第五瓣，甚至還有第六瓣。瑪麗蓮的第一幅曼陀羅的圓外側圖形及色彩表現，均呈火焰狀。這意謂她所面臨的強烈能量，將她的自我界限擴散開來。

未畫界線的曼陀羅搭配火紅般強烈的色彩，再加上與數字「4」、「5」、「6」有關的圖案設計，即表示瑪麗蓮的自我已與本質我的原型密合。在這段期間，因力量、能量及活力的注入，而感到本質我膨脹或得意，乃是常態。然而，一個人不可能長期持續這樣的能量狀態而不感疲倦。

瑪麗蓮是一位有智慧的女性，她察覺到自己有必要收斂此一原型的能量，以敷教學之需。即使瑪麗蓮在第二幅曼陀羅中下意識地選六角星的圖案，但我們還是看得出來六角星圖案即暗指一朵花——類似第一幅曼陀羅中央的圖案。兩幅曼陀羅均出現相同的顏色，所不同的是第二幅曼陀羅並無紅色，但卻多了淡紫色。那麼，第二幅曼陀羅的紅色何處去了呢？也許它一如曼陀羅內空著的空間所指，已深藏於潛意識了吧！淡紫色也含有紅色的成分，因此我們或許可以順著仍然於前一幅曼陀羅內運行的巨大能量，來研究淡紫色的象徵意義。

淡紫色被視為心靈的顏色，它與人體中冥想靈的實現的第七個能量中心（頂輪）相關。我們可以從瑪麗蓮的曼陀羅中發現，她從較低層次的能量中心——在乎保護、自律自治及掌控，成功的升高至較高層次的能量中心——與關懷、直覺及靈性相關。她在第二幅曼陀羅中，先用鉛筆明確的定出圓的界線，然後再用輕柔的顏色描邊。這顯示了瑪麗蓮可能對她的學員展現個人熱情，但她已將她的熱情定出了明顯的界限。

瑪麗蓮的第一幅曼陀羅協助她看清自己的內心。於是，她選擇畫第二幅曼陀羅來收斂心靈的能量。如此一來，瑪麗蓮就能發揮心靈的潛能，完成她為自己所設定的目標。瑪麗蓮已向大家證明，畫出意識選定的曼陀羅圖案，是表達情緒、改換心境或集中能量的方式之一。

下一位羅拉是一位積極的網球選手、慢跑者及運動狂。她半工半讀得到大學學位；也是家中第一位獲得大學文憑的人。當羅拉二十一歲那一年得知自己罹患癌症時，她正好獲准進入醫學院就讀。為了面對自己的病，她加入了藝術治療團體。曼陀羅成了她個人探索之旅中的良伴，引領她發現自我，增加靈性且進行治療。以下是羅拉的故事：

分享：從心治療

我在一九八二年加入藝術治療團體後，才開始畫曼陀羅。我之所以加入該團體，主要是為了處理與病魔對抗的種種問題——我在一九七八年經診斷證實罹患癌症，且因病變導致病狀轉移。藝術治療師建議大家一開始用畫圖或文字的方式寫日記。她也指出，曼陀羅是一種有助於集中精神且成效頗佳的寫日記方式。於是，我立即拿起畫冊畫了幾個圓。我當時就認定，曼陀羅應是展開藝術治療的安全方式。

當晚，我開始在日記內畫曼陀羅。這段時期是我一生中最難捱的歲月，畫曼陀羅成了結束每一天的重要活動之一。我喜歡坐在床上創作以進入靈魂的窗口。有時候，我明白自己所畫曼陀羅的意義，有時候，則只能用猜測的。但我確定，不論我在圓內畫了些什麼，都有它的重要性，因為我都沒有經過預想或構思來畫圖。曼陀羅內的自發性圖像令人感到不可思議。我所畫的每一幅曼陀羅，均能讓我發現「我是誰」。

我發現，圓本身就具備一種我不曾感受到的安全感。曼陀羅的界限，賦予我某種自由去做我想在神聖中心內進行的任何事。癌症病魔是可以奪走我的自由，但在圓內則例外。圓內是屬於我的空間，在這裡面我是自由的。

我先在圓內畫一條線，然後創作足以反映我當時感受及思想的影像及圖像。我怯於勇敢地將線條畫出圓外。最後，由於我已感受內在的安全感，便能夠隨性的「離開圓內的空間」向外探索。一開始踏出曼陀羅的界線時，我感覺自己好像背叛了曼陀羅——多少有點類似我在成年後離開母親的背叛感。於是，我才明白自己的許多治療過程均是針對「離開子宮」的經驗。當我開始嘗試向圓外探時，便對於「離開」逐漸感到釋懷，且內心也愈來愈堅強。甚至認為，離去之後再重新返回圓內的安全地，具有重要意義。

每一幅曼陀羅遂成為一個過程內的無數程序。我完成了不同圖像、無數系列的曼陀羅。這些圖像有時候似乎具有多層面的意義；我經常能在曼陀羅發現情緒面、肉體面及精神面的本質我。

我曾針對樹根固著於地上的枯樹為主題，繪畫了不計其數版本的曼陀羅。我知道自己每日必須與癌症病魔對抗。樹木的力量強大且變化多端，在月光照射下的它們變得陰暗、朦朧，稍後又看起來像充滿憤怒的火紅形態，最後則成為長滿綠葉的貌美巨人。樹枝向天空延伸，彷彿是從天上拔下來一般。

我畫了許多海浪的圖案，似乎想要道出正視死亡所產生的不可抑制的傷感。由於當時我正在接受化學治療，因此，內分泌往往不均衡。我感覺海浪也代表著我體內隆起的肌肉組織。

每一次我畫曼陀羅，就像是與自己的各部分對話一般。與病魔對抗是孤獨的體驗。將觸角伸向外並不是件易事，因為腦中盡是充滿不想要負重擔的意念。透過藝術認識自己的經驗，協助我更有自信地發展人際關係。我畫了許多在水平面上獨自行舟的圖像。當我開始體驗自己豐富的內心生活時，竟能畫出兩人一起駕船的曼陀羅。

太陽成為重要的意象，它協助我對摧毀癌細胞的幅射產生正面的視覺表象。我經常隨身攜帶曼陀羅接受治療，並在進行療程時，一面注視著曼陀羅。對我而言，當我與自己內在的男性特質對抗，以及現實中與粗暴、凌虐我的男性共同生活而掙扎時，太陽則象徵積極的男性能量。

深夜一面傾聽音樂，一面繪畫曼陀羅，成為我的心靈拓展時刻。發掘圓內的神奇力量所獲致的滿足感，逐漸改變我每日的生活。觀察曼陀羅的意象及感受它們所傳達之訊息的力量，將我內心已成死灰或潰爛的感覺掀了開來。我明白即使這經驗經常令我不好受，但我仍必須繼續將感覺抽出於外，否則不可能治癒。

我與癌症對抗的兩年期間每天都會畫一幅曼陀羅，因而從中更加認識自己，且知悉自己從何而來。曼陀羅讓我產生許多嶄新的見解，我認清了真正的本質我，進而促使我得到了相信自己可以活下去的希望、力量及勇氣。

數年後的今天，我仍然未停止畫曼陀羅；我仍然在發掘內在本質我嶄新的面貌。當我一路行來，曼陀羅的創作藝術賜我特殊的力量，也贈與我無數的恩典。如今我的癌細胞已在控制之中，我堅信，全神貫注地凝視曼陀羅且致力於內心的治療，我將會活下去。

羅拉所繪的曼陀羅「樹」（圖版十二），鮮明地反映她想要活著的堅定決心。或許她堅決求生的信念，最初是在子宮內學習而來的；只是當時在子宮內的經驗並不愉快。她將曼陀羅與子宮互作聯想，證明了她在面臨目前生命威脅的情況時，也一面重新整理自己人生初期的記憶。

雖然她的第二幅曼陀羅（圖版十三）的樹木沒長樹葉，但卻絕不會缺乏生氣。樹根及樹枝如波浪般起伏，向四面八方伸展。注視著此圖像，會發現樹木努力的在圓內的所有空間延伸、拓展，這意謂強烈的生存意志。

在這株努力求生的樹木周遭是淡色的風景，然而山坡卻逐漸陡峭——它也許是女性軀體的象徵，而天空則是一片遼闊。我們皆知，傳統上天空與男性的神有關，我們可以將羅拉的曼陀羅，視為具有脫離父母發現個人的統合感之意；其中天與地象徵與父母脫離，而樹則象徵發現個人的統合感，這意謂重新面對因青春期離開童年的家而衍生的問題。

羅拉這幅以船為主題的曼陀羅（圖版十四），道出了她的孤獨感，然而，堅固的船隻卻反映她能夠對人生的盛衰更迭，樂觀以對。平靜的海面與激烈的海浪，形成鮮明對比，且後者似乎就要使小船岌岌可危了！因此，海浪彷彿象徵死亡的威脅。海浪優雅的曲線看起來一副欲迎還拒、冷若冰霜的樣子。太陽為曼陀羅帶來溫暖，太陽光雖然在小船上，但並未滲透至海浪內。也許太陽象徵了羅拉日漸增加的本質我意識，因而將內心深邃、黝暗及強烈的情緒——為了努力忘卻傷痛而積藏內心良久的情緒揭露出來。

羅拉的第五幅曼陀羅（圖版十五），描繪正三角形內的一個人沐浴於陽光之下。正三角形意謂著某事正在蘊釀成形、能量不斷升高，潛意識被迫進入意識內。上述的意義均有可能，因為羅拉在內心深處不斷趨近治療資源，使得她能夠坦然面對過去的痛苦。她勇於感受情緒的意願，也讓她得以索求自己的人生力量，並承擔自己人生的責任。圍繞著三角形的綠色——由象徵男性的黃色及象徵女性的藍色互相混合，意指男性及女性的能量在內在的神聖婚姻中合而為一。綠色與愛、和諧及生物有關；它也適合用來象徵使生命復甦、重生的治療力量。

羅拉在最後一幅曼陀羅（圖版十六）中，畫了一株長滿葉子的樹。此圖案意謂一度停滯的成長過程，又從樹的根部再度進行。鳥與蝴蝶均在樹的周圍徘徊，這幅曼陀羅意指羅拉從瀕臨死亡的浩劫而復生的經歷。

不可思議的圓、神聖的儀式及反映本質我，均是曼陀羅的特徵。曼陀羅這一古老的象徵圖畫，也是現代男女生活中活生生的實體。曼陀羅是本質我原型外在有形的符號，它帶領、指引及保護我們成為自己真正該扮演的角色，黛比、瑪麗塔、蘇麗塔及羅拉的故事，均說明了曼陀羅的創作對人的一生意義非凡，但願本書可以激發各位適時走進曼陀羅創作及領悟的領域內。

生命潛能出版圖書目錄

心靈成長系列		作者	譯者	定價
ST0109	冥想的藝術	葛文	蕭順涵	130
ST0111	如何激發自我潛能	山口　彰	鄭清清	170
ST0115	做自己的心理醫生	費思特	蔡素芬	180
ST0119	你愛自己嗎？	保羅	蘇晴	250
ST0122	影響你生命的十二原型	皮爾森	張蘭馨	350
ST0124	工作中的人性反思	柯萬	張金興	200
ST0125	平靜安穩	匿名氏	李文英	180
ST0126	豐富年年	波耶特	侯麗煬	280
ST0127	心想事成	葛文	穆怡梅	250
ST0131	沒有你我該怎麼辦？	米勒	許梅芳	130
ST0133	天生我材必有用	米勒＆梅特森	鄧文華	210
ST0136	一個幸福的婚禮	約翰．李	區詠熙	260
ST0137	快樂生活的新好男人	巴希克	陳蒼多	280
ST0139	通向平靜之路——根絕上癮行為的新認知法則	約瑟夫．貝利	黃春華	180
ST0140	心靈之旅	珍妮佛．詹姆絲	侯麗煬	200
ST0142	理性出發	麥克納	陳蒼多	200
ST0143	向惡言惡語挑戰	詹姆絲	許梅芳	220
ST0144	珍愛	碧提	黃春華	190
ST0145	打開心靈的視野	海瑟頓	鄧文華	320
ST0147	揭開自我之謎	戴安	黃春華	150
ST0148	自我親職——如何做自己的好父母	波拉德	鄧文華	200
ST0149	揮別傷痛	布萊克	喬安	150
ST0151	我該如何幫助你？	高登	高麗娟	200
ST0152	戒癮十二法則	克里夫蘭＆愛莉絲	穆怡梅	180
ST0153	電視心理學	早坂泰次郎＆北林才知		200
ST0154	自我治療在人生的旅程上	羅森	喬安	200
ST0155	快樂是你的選擇	維拉妮卡．雷	陳逸群	250
ST0156	歡暢的每一天	蘇．班德	江孟蓉	180
ST0157	夢境地圖	吉莉安．荷洛薇	陳琇／楊玄璋	200
ST0158	感官復甦工作坊	查爾斯．布魯克		180
ST0159	扭轉心靈危機	克里斯．克藍克	許梅芳	320
ST0160	創痛原是一種福分	貝佛莉．恩格	謝青峰	250
ST0161	與慈悲的宇宙連結	拉姆．達斯＆保羅．高曼	許桂綿	250
ST0165	重塑心靈	許宜銘		250
ST0166	聆聽心靈樂音	馬修	李芸玫	220
ST0167	敞開心靈暗房	提恩．戴唐	陳世玲／吳夢峰	280
ST0168	無為，很好	史提芬．哈里森	于而彥	150
ST0169	心的嘉年華會	拉瑪大師	陳逸群	280
ST0170	釋放焦慮七大祕訣	A.M.瑪修	蕭順涵	160
ST0172	量身訂做潛能體操	蓋兒．克絲＆席拉．丹娜	黃志光	220

ST0173	你當然可以生氣	蓋莉．羅塞里尼&馬克．瓦登	謝青峰	200
ST0175	讓心無懼	蘭達．布里登	陳逸群	280
ST0176	心靈舞台	薇薇安．金	陳逸群	280
ST0177	把神祕喝個夠	王靜蓉		250
ST0178	喜悅之道	珊娜雅．羅曼	王季慶	220
ST0179	最高意志的修煉	陶利．柏肯	江孟蓉	220
ST0180	靈魂調色盤	凱西．馬奇歐迪	陳麗芳	320
ST0181	情緒爆發力	麥可．史凱	周晴燕	220
ST0182	立方體的祕密	安妮＆斯羅波登	黃寶敏	260
ST0183	給生活一帖力量—— 現代人的靈性維他命	芭芭拉．伯格	周晴燕	200
ST0184	治療師的懺悔—— 頂尖治療師的失誤個案經驗分享	傑弗瑞．柯特勒＆ 瓊恩．卡森	胡茉玲	280
ST0185	玩出塔羅趣味	M.J.阿芭迪	盧娜	280
ST0186	瑜伽上師最後的十堂課	艾莉絲．克麗斯坦森	林惠瑟	250
ST0187	靈魂占星筆記	瑪格麗特．庫曼	羅孝英／陳惠嬪	250
ST0188	催眠之聲伴隨你（新版）	米爾頓．艾瑞克森&史德奈．羅森	蕭德蘭	320
ST0189	通靈工作坊—— 綻放你內在的直覺力與靈性潛能	金．雀絲妮	許桂綿	280
ST0190	創造金錢（上冊）—— 運用磁力彰顯財富的技巧	珊娜雅．羅曼＆杜安．派克	沈友娣	200
ST0191	創造金錢（下冊）—— 協助你開創人生志業的訣竅	珊娜雅．羅曼＆杜安．派克	羅孝英	200
ST0192	愛與生存的勇氣—— 自我關係療法的詮釋與運用	史蒂芬．吉利根	蕭德蘭、劉安康、 黃正頤 梁美玉等	320
ST0193	水晶光能啟蒙—— 礦石是你蛻變與轉化的資產	卡崔娜．拉斐爾	鄭婷玫	250
ST0194	神聖占星學—— 強化能量的鍊金術	道維．史卓思納	張振林	250
ST0195	擁舞生命潛能（新版）	許宜銘		220
ST0196	內在男人，內在女人—— 探索內在男女能量對關係 與工作的影響	莎加培雅	沙微塔	250
ST0197	人體氣場彩光學	喬漢娜．費斯林傑＆ 貝緹娜．費斯林傑	遠音編譯群	250
ST0198	水晶高頻治療—— 運用水晶平衡精微能量系統	卡崔娜．拉斐爾	弈蘭	280
ST0199	和內在的自己玩遊戲	潔娜．黛安	黃春華	200
ST01100	和內在的自己作朋友	潔娜．黛安	黃春華	200

ST01101	個人覺醒的力量—— 增強心靈感知與能量運作的能力	珊娜雅・羅曼	羅孝英	270
ST01102	召喚天使—— 邀請天使能量共創幸福奇蹟	朵琳・芙秋博士	王愉淑	280
ST01103	克里昂靈性寓言故事—— 以高層心靈的視界， 突破此生的課題與業力	李・卡羅	邱俊銘	250
ST01104	新世紀揚昇之光—— 開啓高次元宇宙奧祕 與揚昇之鑰	黛安娜・庫柏	鄭婷玫	300
ST01105	預知生命大蛻變—— 由恐懼走向愛的靈魂進化旅程	弗瑞德・思特靈	邱俊銘	320
ST01106	古代神祕學院入門書—— 超感應能力與脈輪開通訓練	道格拉斯・德龍	陶世惠	270
ST01107	曼陀羅小宇宙—— 彩繪曼陀羅豐富你的生命	蘇珊・芬徹	游琬娟	300

美麗身心系列		作者	譯者	定價
ST80001	雙人親密瑜伽—— 用身體來溝通、分享愛和喜悅	米夏巴耶	林惠瑟	300
ST80002	花草能量芳香療法—— 融合陰陽五行發揮精油 情緒調理的功效	蓋布利爾・莫傑	陳麗芳	320
ST80003	圖解同類療法——37種 常見病痛的處方及藥物寶典	羅賓・海菲德	陳明堯	250
ST80004	圖解按摩手法—— 體驗雙手探索身體的樂趣	伯尼・羅文	林妙香	250
ST80005	水晶身心靈療方	海瑟・芮芳	鄭婷玫	360
ST80006	五大元素療癒瑜伽—— 整合脈輪的瑜伽體位法	安碧卡南達大師	林瑞堂	380
ST80007	樹的療癒能量	派屈斯・布夏頓	許桂綿	320
ST80008	靈氣情緒平衡療方	坦瑪雅・侯內沃	胡澤芬	320

健康種子系列		作者	譯者	定價
ST9001	身心合一	肯恩・戴特沃德	邱溫	250
ST9002	同類療法I—健康新抉擇	維登・麥凱博	陳逸群	250
ST9003	同類療法II—改善你的體質	維登・麥凱博	陳逸群	300
ST9004	抗癌策略	安・法瑞＆戴夫・法瑞	江孟蓉	220
ST9005	自我健康催眠	史丹利・費雪	季欣	220
ST9006	肢體療法百科	瑪加・奈思特	邱溫	360
ST9007	21世紀醫療革命:自然醫學	黃俊傑醫師		320
ST9008	靈性按摩	莎加培雅	沙微塔	450
ST9009	新年輕主義	大衛・賴伯克	黃伯慧	300
ST9010	腦力營養策略	藍格& 席爾	陳麗芳	250
ST9011	飲食防癌	羅伯特・哈瑟瑞	邱溫	280
ST9012	雨林藥草居家療方	阿維戈& 愛普斯汀	許桂綿	280
ST9014	呼吸重生療法—— 身心整合與釋放壓力的另類選擇	凱瑟琳・道林	廖世德	250
ST9015	印加能量療法—— 一位人類學家的巫士學習之旅	阿貝托・維洛多博士	許桂綿	280
ST9016	讓妳年輕10歲、多活10年	戴維・賴伯克	黃文慧	250
ST9017	身心調癒地圖	黛比・夏比洛	邱溫	320
ST9018	靈性治療的藝術	凱思・雪伍	林妙香	270
ST9019	巴哈花療法，心靈的解藥	大衛・威奈爾	黃寶敏	250
ST9020	解除疼痛—— 疼痛的自救處理方式	克利斯・威爾斯＆ 葛瑞姆・諾恩	陳麗芳	260
ST9021	逆轉癌症—— 恢復生命力的九大自療療程	席瓦妮・古曼 （附引導式自療冥想CD）	周晴燕	250
ST9022	印加靈魂復元療法—— 跨越時間之河修復生命 、改造未來	阿貝托・維洛多博士	許桂綿	280
ST9023	靈氣108問—— 以雙手傳遞宇宙生命能量的新時代療法	萊絲蜜・寶拉・賀倫	欣芬	240
ST9024	印加巫士的智慧洞見—— 成為地球守護者的操練與挑戰	阿貝托・維洛多博士	奕蘭	280
ST9025	靈氣為你帶來豐盛—— 遠離匱乏、體驗豐盛的 42天靈氣方案	萊絲蜜・寶拉	胡澤芬	220

心靈成長 107

曼陀羅小宇宙
——彩繪曼陀羅豐富你的生命

原著書名／Creating Mandalas
作　　者／蘇珊・芬徹（Susanne F. Fincher）
譯　　者／游琬娟
總 編 輯／黃寶敏
執行編輯／郎秀慧
行銷經理／陳伯文
發 行 人／許宜銘
出版發行／生命潛能文化事業有限公司
聯絡地址／台北市信義區(110)和平東路三段509巷7弄3號1樓
聯絡電話／(02)2378-3399
傳　　真／(02)2378-0011
網　　址／http://www.tgblife.com
E-mail／tgblife@ms27.hinet.net
郵政劃撥／17073315（戶名：生命潛能文化事業有限公司）
郵購九折，郵資單本50元、2-9本80元、10本以上免郵資

總 經 銷／吳氏圖書有限公司・電話／(02)3234-0036
內文排版／普林特斯資訊股份有限公司・電話／(02)8226-9696
印　　刷／承峰美術印刷・電話／(02)2225-7055

2008年 2 月初版
定價：300元

ISBN: 978-986-7349-62-0
Published by arrangement with Shambhala Publications, Inc.

行政院新聞局局版台業字第 5435 號　如有缺頁、破損，請寄回更換

國家圖書館出版品預行編目資料

曼陀羅小宇宙／蘇珊・芬徹 (Susanne F. Fincher)著；游琬娟譯. -- 初版. --臺北市：生命潛能文化, 2008. 02
面；　公分. --（心靈成長系列；107）
譯自：Creating mandalas：for insight, healing, and self-expression

ISBN 978-986-7349-62-0（平裝）

1. 密宗　2. 藝術治療　3. 佛教藝術

226.91　　96024959

讓生命潛能 帶你探索心靈世界的真、善、美
Life Potential Publishing Co., Ltd